鄭石岩作品集

大眾心理館

禪學與生活

11

國家圖書館出版品預行編目（CIP）資料

禪悟與實現：體現生活的藝術，追求心靈的自由／鄭石岩著. -- 三版. -- 臺北市：遠流, 2013.01
面； 公分. --（大眾心理館）（鄭石岩作品集. 禪學與生活；11）

ISBN 978-957-32-7123-9（平裝）

1. 禪宗 2. 佛教修持

226.65 101024889

大眾心理館

鄭石岩作品集・禪學與生活 11

禪悟與實現

體現生活的藝術，追求心靈的自由

作者：鄭石岩
執行主編：林淑慎
特約編輯：趙曼如
發行人：王榮文
出版發行：遠流出版事業股份有限公司
100 台北市南昌路二段 81 號 6 樓
郵撥：0189456-1 電話：2392-6899 傳真：2392-6658
法律顧問：董安丹律師
著作權顧問：蕭雄淋律師
□ 2013 年 1 月 1 日 三版一刷
行政院新聞局局版台業字第 1295 號
售價新台幣 240 元（缺頁或破損的書，請寄回更換）

ISBN 978-957-32-7123-9

遠流博識網
http://www.ylib.com
E-mail: ylib@ylib.com

大眾心理館・鄭石岩作品集・禪學與生活 11

鄭石岩 著

禪悟與實現

體現生活的藝術，追求心靈的自由

總序

我的創作歷程

鄭石岩

寫作是我生涯中的一個枝椏，隨緣長出的根芽，卻開出許多花朵，結成一串累累的果子。

我寫作的著眼點，是想透過理論與實務的結合，來闡釋現代人生活適應之道，提倡正確的教育觀念和方法，幫助每個人心智成長。透過東西文化的融合，尋找美好人生的線索。我細心的觀察、體驗和研究，繼而流露於筆端，寫出這些作品。書中有隨緣觀察的心得，有實務經驗的發現，有理論的引用，也有對現實生活的回應。在忙碌的工作和生活中，我採取細水長流，每天做一點，積少成多。

從第一本作品出版到現在，已經寫了四十幾本書。這些書都與禪佛學、教育、親職、心靈、諮商與輔導有關。寫作題材從艱深的禪學、唯識及心靈課題，到日常生活的調適和心智成長，都保持深入淺出、人人能懂的風格。艱澀冗長的理論不易被理解，特化作活潑實用的知識，使讀者在閱讀時，容易共鳴、領會、受用。因此，這些書都有不錯的評價和讀者的喜愛。

每當演講或學術討論會後，或在機場、車站等公共場所時，總是有讀者朋友向我招呼，表達受惠於這些著作。他們告訴我「你的書陪伴我度過人生最困難的歲月」，或說「我是讀你的書長大茁壯的」。身為一個作者，最大的感動和安慰，就在這些真誠的回應上：歡喜看到這些書在國內外及中國大陸，對現代人心靈生活的提升，發揮了影響力。

多年來持續寫作的心願，是為研究、發現及傳遞現代人生活與工作適應的知識和智慧。所以當遠流規劃在【大眾心理館】裡開闢【鄭石岩作品集】，期望能更有效服務讀者的需要，並囑我寫序時，心中真有無比的喜悅。

我在三十九歲之前，從來沒有想過要筆耕寫作。除了學術論文發表之外，沒想過要從事創作。一九八三年的一場登山意外，不慎跌落山谷，脊椎嚴重受創，下半身麻痺，面臨殘障不良於行的危機。那時病假治傷，不能上班，不多久，情緒掉到谷底，憂鬱沮喪化作滿面愁容。

秀真一直非常耐心地陪伴我，聽我傾訴憂慮和不安。有一天傍晚，她以佛門同修的立場警惕我說：「先生！你學的是心理諮商，從小就修持佛法；你懂得如何助人，也常常在各地演講。現在自己碰到難題，卻用不出來。看來你能講給別人聽，自己卻不受用。」

我聽完她的警語，心中有些慚愧，也有些省悟。我默然沉思良久。我知道必須接納現實，去面對眼前的困境。當晚九時許，我對秀真說：「我已了然於心，即使未來不良於行，也要坐在輪椅上，繼續我的教育和弘化工作，活得開心、活得有意義才行。」

她好奇的問道：「那就太好了！你準備怎麼做呢？」

我堅定的回答：「我決心寫作，就從現在開始。請你為我取參閱的書籍，準備需要的紙筆，以及一塊家裡現成的棋盤作墊板。」

當天短短的對話，卻從無助絕望的困境，看到新的意義和希望。我期許自己，把東方的禪佛學和西方的心理學結合起來，變成生活的智慧；鼓勵自己，把學過的理論和累積的實務經驗融合在一起，成為活潑實用的生活新知，分享給廣大的讀者。

邊研究邊寫作，邊修持邊療傷，健康慢慢有了轉機，能回復上班工作。歷經兩年的煎熬，傷勢大部分康復，寫作卻成為業餘的愛好。從一九八五年出版第一本書開始，所有著作都經秀真校對，並給予許多建議和指教。有她的支持，一起分享作品的內容，而使寫作變得更有趣。

住院治療期間，老友王榮文先生，遠流出版公司的董事長，到醫院探視。我送給他一本佛學的演講稿，本意是希望他也能學佛，沒想到過了幾天，他卻到醫院告訴我：「我要出版這本書。」

我驚訝地說：「那是佛學講義，你把講義當書來出，屆時賣不出去，你會虧本的。這樣我心不安，不行的。」

他說：「那麼就請你把它寫成大家喜歡讀的書，反正我要出版。」

就這樣允諾稿約，經過修改增補，《清心與自在》於焉出版，而且很快暢銷起來。因為那是第一本融合佛學與心理學的創作，受到好評殊多。爾後的每一本書，都針對一個現實的主題，紮根在心理、佛學和教育的學術領域，活化應用於現實生活。

禪佛學自一九八五年開始，在學術界和企業界，逐漸蔚成風氣，形成管理心理學的一部分，企業界更提倡禪式管理、禪的個人修持，都與這一系列的書籍出版有關。

後來我將關注焦點轉移到教育和親職，相關作品提醒為師為親者應注意到心理健康、學生輔導、情緒教育等，對教育界也產生廣泛的影響。教師的愛被視為是一種能力，親職技巧受到更多重視，我的書符合了大家的需要，並受到肯定，例如《覺・教導的智慧》一書就獲頒行政院新聞局金鼎獎。

在實務工作中，我發現心靈成長和勵志的知識，對每一個人都非常重要。於是我著手寫了好幾本這方面的作品，許多家長把這些書帶進家庭，促進親子間的和諧，並幫助年輕人心智成長；許多大學生和初踏進社會的新鮮人，都是這些書的讀者。許多民間團體和讀書會，也推薦閱讀這些作品。

唯識學是佛學中的心理學，我發現它是華人社會中很好的諮商心理學。不過原典艱澀難懂，於是我著手整理和解釋，融會心理學的知識，變成一套唯識心理學系列。此外，禪與諮商輔導亦有密切的關係，我把它整理為禪式諮商，兼具理論基礎和實用價值，對於現代人的憂鬱、焦慮和暴力，有良好的對治效果。目前禪與唯識，在心理諮商與輔導的應用面，不只台灣和大陸在蓬勃發展，全世界華人社會也用得普遍。每年我要在國內外，作許多場次的研習和演講，正是這個趨勢的寫照。

二十年來我在寫作上的靈感和素材源源不絕，是因為關心現代人生活的適應問題和心理健康。我從事心理諮商的研究和實務工作超過三十年，個案從兒童青少年到青壯年及老年都有；類別包括心理調適、生涯、婚姻諮商等，我也參與臨終諮商及安寧病房的推動工作。對於人類心靈生活的興趣，源自個人的關心；當我晤談的個案越多，對心理和心靈的調適，領會也越深。

我的生涯歷練相當豐富。年少時家境窮困，為了謀生而打工務農，當過建築工、水果販、小批發商、大批發商。經濟能力稍好，才有機會念大學。後來我當過中學老師，在大學任教多年，擔任過簡任公務員，也負責主管全國各級學校訓輔工作多年，實務上有許多的磨練。

我很感恩母親，從小鼓勵我上進，教我去做生意營生。她在我七歲時，就帶我入佛門學佛，讓我有機會接觸佛法，接近諸山長老和高僧，打下良好的佛學根柢。我也很感恩許多長輩，給我機會參與國家科技推動工作長達十餘年，從而了解社會、經濟、文化和心理特質，是個人心靈生活的關鍵因素。如果我觀察個案的眼光稍稍開闊一些，助人的技巧稍微靈活一點，都是因為這些歷練所賜。在寫作時，每一本書的視野，也變得寬博和活潑實用。

現在我已過耳順之年，但還是對於二十餘年前受重傷所發的心願，珍惜和努力不已。希望在有生之年，還有更多精神力從事這方面的研究和寫作。寫作、助人及以書度人，是我生命意義中很重要的一部分，我會法喜充滿地繼續工作下去。

《禪悟與實現》

目錄

新版序

珍惜穎悟的禪心

現代人生活在一個變遷快速的社會裡，無論是經濟生活的變化，政治時局的波濤洶湧，乃至國際間的競爭，總是此起彼落，一波接著一波，讓人目不暇給。禪家認為生活的本質是無常變化，它帶來危機和不安，是一切痛苦的來源。這是可以切身體驗和了解的。

而禪者卻很清楚地指出：只要你保持心地平衡，維持平直心，讓慧性發揮功能，就能在波濤洶湧的生活中勝任愉快。因為平衡的心能帶來穎悟，產生良好的自我功能。穎悟的禪心讓我們活出創意，更活出自在，並且找到生命的意義。

近年來由於經濟發展的不穩定，社會結構變化加快，生活的挑戰更是令人紛擾。特別是年輕的一代，他們在成長的過程中，受到的呵護較多，磨練較少。卻在學業完成後，面臨社會快速變遷的種種挑戰。競爭帶來窘迫與焦慮；追求效能帶來更多壓力。心理生活承受難以言喻的苦悶。就整體社會而言，生活的沉悶、悲觀和死氣沉沉的風氣，漸漸滲入我們原先充滿朝氣的社會性格裡。這是值得大家警惕的問題。

於是，我們需要一顆穎悟的心，讓自己從當下的環境中，看出新的生活視野，走出有信心、有喜悅的人生路。我們必須一掃內心的鬱卒、積習和陰霾，看出新的希望，走得穩健才行。誠如永明延壽禪師所說，無論你的處境如何，必須步步踏實，用清醒歡喜的禪心，去回應種種無常的挑戰，這就是「舉足方知盡道場」。

禪的修持最能切合現代人心靈生活的需要。因為它是一種內在的靈修，更是心的效能訓練。當今神經科學家奧斯汀（James Austin）在他的名著《禪與腦》（*Zen and the Brain*，中譯本遠流出版）一書中提到禪的大用，茲舉其重要者如次：

- 禪帶來清明知覺，去除愚鈍思維，提升自我效能，並增進生理和情緒的健康。
- 改變我執，消除自我中心，使人活得更實際愉快和慈悲，開展自我實現的法喜。
- 有效安定情緒，帶來清醒和專注，提升知覺系統的功能，並產生更好的直覺。
- 禪修開啟了宇宙心，領悟了生命的意義，並發展出慈悲喜捨的無量心。

奧斯汀透過神經科學的研究，解析證驗禪對大腦功能的增益，以及悟性的開啟。從諸多研究中得知，禪確實有助於現代人心靈生活的提升，是值得珍惜的智慧傳承。

禪是開啟生命智慧的捷徑，是心靈生活的指南。透過定慧的修持，不但健全身心的效能提升，生活展現幸福喜樂。更進一步能覺悟到慧命的永恆與存在，找到生命的歸宿。他能以超越的法眼去看無常的生命，而顯露出對生命的讚嘆。生命就有如「拈花微笑」的公案中，所顯露的美好和圓滿。

每個人的心靈深處，都有一盞明燈。它就是光明覺照的佛性。找回這個被塵勞和無明塵封的「自家寶藏」，就能如日光遍照，生活在春和景明的心境之中。反之，如果我們仍然在紛繁中繼續執著掙扎，將會治絲益棼，把自己弄得苦惱煩悶，路子走得更辛苦。這正是普明禪師所說：「一片星雲橫谷口，誰知步步犯佳苗。」

生活在資訊化社會中，很容易迷失在氾濫的資訊叢林裡，走不出美好自在的人生。於是，在本書新版付梓之際，引用新的研究發現，指陳禪的大用，呼籲大家珍惜穎悟的禪心。

原序

禪的生活藝術與智慧

一個人若想生活得成功幸福，有活力，有朝氣，就得先有健全的精神生活。禪就是指導我們過健全精神生活的藝術與智慧。

近幾年來，我非常注意禪對心理生活的意義與價值，所以花了許多時間去研究它，體驗它。我除了學禪、練習坐禪之外，還時時提醒自己以禪悟的方式，契入生活上的事事物物，欣賞品觸，頗多玩味之趣，收穫亦多。我也把它介紹給許多朋友，讓他們藉著禪的智慧，重新建立新的生活態度。我深信，禪不但有助於心理健康，有助於提升精神生活，同時也能引發我們去過創發性的生活。

禪的主要精神在於引發一個人發現自己，並獲得真正的自由。使自己從許多物慾、名利、成見和防衛機制中解脫出來，並讓自己與生俱來的潛能與活力釋放出來，過實現性的生活，流露出自然平直的純真，使自己更清醒，對生活更具有回應能力。

近二、三十年來，我們的經濟發展快速，社會結構隨之改變，文化變遷更加明顯，以至於在生活適應上面臨著一些難題，這些難題在心理生活上產生了一些症狀，例如許多人感到空虛、焦慮、緊張、失眠、自我麻醉等等。尤其值得注意的是自殺人數已躍居我國十大死亡原因的第九位，離婚率節節上升，青少年犯罪不斷提高等等，這些現象，在在說明精神生活發生失調。

禪提供了醒覺之道，還教給我們如何承擔生活的難題；它告訴我們不能逃避生活，不能做物慾的奴隸，而要做一個生活的主人；要當一個轉境的覺者，不要當一個被境轉的愚迷者。轉境就是創造，就是實現，就有喜悅和快慰。

禪又告訴我們淨的觀念。要我們放下不合理的慾望，「空」掉那些虛幻的念頭，生活在紮紮實實的平常心和平直心裡頭，這樣才能依自己的根性，實現人生。

現代人在物質上算是富裕的，但在精神生活上是困頓的。禪所揭示的正是現代人所缺乏的精神特質，透過禪的洗滌和啟發，我們會更懂得珍惜今天的科技成就和經濟發展，透過禪的智慧，我們會生活得更自在更有活力。這就是我寫這本書的主要目的。

壹

現代人的精神生活情境

禪對於現代人而言，是提升精神生活的藝術，是促進吾人實現人生，從而獲得豐足與自在的清醒劑。它使我們更堅強、更自由，更有能力過創造性的生活。

我們目前正處於經濟快速變遷、生產與管理方式驟變、上班成為普遍的生活方式，社會結構發生激烈變化的情境。在開放的社會下，自由思想導致價值判斷的分歧，精神生活面臨重新適應的難題，引發了現代人精神生活的困境與苦悶。同時，這些苦悶正與現代人的功利主義、感性價值和縱慾貪婪息息相關。它表現於許多心理病症和不合理的社會行為上，例如空虛、憂鬱、焦躁、緊張、失眠、迷信、自我麻醉等。目前我們正面臨著許多精神生活的大難題，否則自殺人數為什麼躍居我國十大死亡原因的第九位？離婚率為什麼節節上升？青少年犯罪為什麼不斷增加？還有大家樂為什麼會挾著迷信的餘威，橫掃我們的社會，影響到社會安寧和生活秩序？於是我們急需對治之道。特別是對於精神生活的調適與提升。

禪是中國人文精神文明的一項重要成就。它是一種生活的實踐，而不是一種煩瑣的知性哲學，也不是一門心理學。它是教導人類走向心靈自由，重視生活的實現性，使自己活得喜悅自在的「見性」方法。它能引導人們解脫對現象界與慾望的執著，擺脫理性與非理性的壓抑，讓一個人醒悟過來，發現真我，過創造性的喜悅生活。

由於禪不是宗教，不是哲學，而是開啟生活智慧、使一個人從苦悶和執迷中醒悟過來的法門，故最能符合現代資訊社會的需要。它不但能使我們更有能力享受科技的成就，亦有助於我們超越精神生活的困境，品嚐到清馨悅樂的生活之泉，獲得真正的豐足與自在。

從禪學的觀點來看生活，生活無非是內在的「我」和外在的「境」（即環境、價值觀念、慾望等各種刺激的總稱）之間的互動作用。在這交互作用之中，產生了種種的認知、意識、情感和情緒等經驗。然而，我們常常把這些互動的經驗當做心理生活的本身，以致受到它的干擾。於是喜、怒、哀、樂於焉牢縛心頭，貪、瞋、癡、慢成為我們平心靜氣的障礙。原本清新自得的生活情趣消失，真知灼見的創意被曚蔽。有朝氣、有活力的精神力量也就頹廢了。禪就是要啟開我們的心智，從桎梏走出來，再度生活在喜悅自在的生活裡。

生活上遭遇到挫折是很平常的事，但我們常會氣忿不消，是因為我們被挫折這個「境」牽著鼻子走。當我們發現一件喜歡的玩物，就夢寐以求，甚至為了達到目的而不擇手段，那就是被「境」迷住了。再說，當我們聽到一件消息而有不平之鳴，或看到一件不合我意的事態，即刻反應出強烈的憤怒之氣，這也是受到境的牽引。

受「境」牽著走的人，必然失去本有的智慧，失去自由與持平的判斷，精神生活也就容易失衡，從而產生偏執、憤怒、不安、焦慮、報復、逃避和暴力。

禪的祖師們在精神生活上，有其獨到真切的體驗和發現。唐朝趙州（778-897）禪師指出：「平常心是道心。」生活本來就是平易貼切，純樸喜悅，在言行思想上無須增加一分多餘的「佐料」。只要平心靜氣地待人處世，便能體會個中的情趣。無論求學、做人或處事，只要不加一分「作為」，就能平心靜氣，有真知灼見。只要加一分心思強求，那麼求功造作就會使智慧之門為之頓塞。日常生活中無論是吃飯、睡眠、工作、旅行、談笑、休閒，只要你不被境轉，不執著在境裡去作為，一切自然順心，喜悅自在。

生活在資訊社會的現代人，由於價值觀念的紛歧，社會生活方式的變遷，思想與生活適應的失調，造成了許多精神生活的難題。很明顯地現代人是被許多「境」所困，是被自己所創造出來的種種科技之境所困。

我們首先透過禪學眼光和應用心理學的方法，來發掘現代人在精神生活上所面臨的「境」。所謂境，就禪學而言，就是心靈成長與自由的障礙，它使我們失去活潑有智慧的生活。

組織化的資訊社會

台灣自光復到二十世紀末，在經濟發展上確實稱得上突飛猛進，在各項建設上也頗多成就。成功的典型使許多開發中國家以羨慕之情，學習我們的發展過程，視為一種模範，這是不爭的事實。因為物質生活的富裕，教育程度的提高與普及，科技與工業的拓展，無一不是昭昭可見。

在短短的四、五十年之間，我們已邁入已開發國家的境地，於是往日農業社會的生活方式消聲匿跡，過去純樸簡單的生活環境不復存在，「日出而作，日入而息」的自在感已被淡忘。而天天與這美麗之島、婆娑之洋相互為伍的質樸生活，已成為記憶中的詩篇。我們該是面對它、並尋找光明之路的時候。現在，隨著經濟發展的遲緩，又給我們帶來一些適應上的難題，使社會性格變得沉悶和消極。這些難題就是精神生活的「境」。

我們從純樸的農業生活中，一躍蛻變而成為工技的社會，連原來的農村，也變成「工業的農業」，緊接著我們又進入資訊化的社會。長久以來適應慣了，而從未加以懷疑的文化觀念和價值意識，受到嚴格的挑戰。赤裸裸的現實，把人們從過去敬天法祖的倫理觀念中，驟然拉到需要強烈競爭的跑道上。請注意！在運動場的跑道上，絕沒有和諧的情感，只有一味的競爭和勢在必得的慾望。

工商企業資訊化了，經濟生活改變了，社會結構發生激烈變遷。生活由悠遊變為緊張，由和諧的韻律變為競爭的忙碌節拍。情緒生活和內在的情感，變得煩躁而無以自止。

農村的人口湧向都市，大家舉目無親，都成為流浪者。新的人際關係系統還沒有學會如何建立，自己已經陷於孤立和疏離。人成為社會洪流中漂流的一片孤零零樹葉，情感生活變得匱乏。都市裡燈紅酒綠和無盡的誘惑，使人走向老子所謂「馳騁畋獵令人心發狂」的心病。

思想上，因為我們的教育必須配合科技與經濟的發展，於是特別強調感性的教育。我們教育孩子竭盡所能學習科學、求證和對物的發現與了解，結果疏忽了對「人文精神」的啟發。固然不錯，我們教導了不少生活與倫理的知識，也在課堂上解釋中國文化的歷史和重要的概念。但平心而論，我們沒有教學生如何在現在的社會情境下，去過成功的生活。

我們越是在教育上追求與努力，生活的真理似乎距離我們越遠。我們作更多嚴格的科學訓練，思想卻越對生活表現出無能、遲滯、瑣碎與僵化。因為我們在不停地暗示自己，只有可以證驗的才是實在，只有能分析的才是可靠，只有能感覺到的才是真實。結果生活成為追求物質，滿足自己的慾望，和逃避精神苦悶的夢魘。至於物質與感性之外的超感生活，內在精神世界的陶冶，就更不受重視了。

當我們的精神生活變得枯燥乏味，從早到晚為了追求物慾和孜孜不倦地與別人比較競爭時。我們開始遺忘了自己，落寞感越來越嚴重。心理生活空間也跟著狹隘起來，結果精神生活陷入無奈、焦慮、不安和病態。

資訊社會和企業化的經營，使許多原先在農村自立更生的農人，開始湧入城鎮。新一代的年輕人，隨著工作的性質，被區分為白領階級與藍領階級。這些人儘管工作性質不同，但是他們都是以上班的方式謀生。目前絕大部分的人口是在企業體系下，作為上班運作系統的齒輪。於是社會學家們就把這些新的人群叫做「上班族」。以下我用詹宏志先生的話來說明上班族的生活現象，他說：

「上班族的生活有什麼特色呢？上班族是一種以付出心力或勞力，來換取生活工資的人群。這些人要為他們自己的職位或工作負起責任。他們都要歸屬於某一公司或老闆，每天上班下班，循環不息，猶如星體的運行。更確當的說，他們好像一個機器的齒輪，沒有自由，只是一味地聽命於一個指揮的作業系統。他們的悲、喜、哀、怒都在這個封閉的體系裡，其前程與命運也難脫這個軌道。

「上班族已經成為台灣社會結構的一部分，其作息不但是整個城市鄉鎮的呼吸，而且也成為社會運作的主幹。每天他們從床上掙扎著起來，緊張地趕往他們的工作地點，於是城市活絡起來了。汽車巴士阻塞擁擠不堪，噪音塵埃充斥空間，城市成為緊張焦慮的溫床。入夜之後，上班族無意識地返回自己寄居蟹似的家。」

上班族有理想嗎？能主動決策嗎？答案很明顯，沒有。即使有，也只不過對他操作的工作，作例行性的執行。於是主動與創造的天性開始遭到抹煞，日子久了，他們的精神變得死氣沉沉。你從上班族緊張而缺乏活力的表情中，就可以看出他們的苦悶。

上班族有文化嗎？詹宏志先生指出：

「沒有！我們的上班族有的只有反文化。離開學校上了班就不再讀書，這是反文化之一。工作之餘別無目標，只是聲色之娛，這是反文化之二。過河卒子拚命向前，不再修養成長，這是反文化之三。呼朋引黨彼此爭鬪，人際關係等同智慧，這是反文化之四。」

上班族不只面臨著上述的精神困境，更嚴重的是在彼此模仿成習的情況下，把反精神生活當做一種時髦，它形成了現代人勾魂攝魄的「境」，把我們牽引到迷失的歧路上。

物化的生活

我們的經濟不斷的發展，新產品與市場的開拓成為全國上下全力以赴的目標，那是我們這個海島賴以維生的必然途徑。於是生產與交易的思想，成為我們價值的主體。我們想盡辦法要生產及出口更多的貨物，這個概念已成為我們的生活目標。這個奮鬥是無可厚非的，但是在不知不覺中物的價值已經滲透到我們的心理生活之中，成為舉足輕重的因素。於是，我們正如同弗洛姆（Erich Fromm, 1900-1980）所說的：「在這個程序中，人把自己變成了物。生活變成了物的附屬品，整個生活被『擁有』的價值所吞沒。生活的目標原來是完美的人，現在變成了完美的物。」我們有物才有安全感，同時也只有為物工作，似乎才是正常的生活態度。於是生活本身的價值與生活活動脫了節。

這一來，我們的精神生活喪失在對物的追求之中。我們以擁有物的多寡來鑑別生活是否光彩，以能消費更多美酒佳餚，表示自己的體面和尊嚴。我們用物來娛樂自己，自己卻變得更貪婪、更匱乏、更空虛。我們想盡辦法用酒色財物來防衛自己，卻永遠填補不了心中空虛不安的黑暗之洞。

我們把奉行幾千年的倫理和道德格律，視若具文，當做故宮博物院裡的古董、珍玩來談論，或者當做裝飾品來打扮自己，而很少能把它當做生活的格律和引發精神振作的火石薪傳。

我們很愛面子，卻打腫臉充胖子。愛說冠冕堂皇的格言，骨子裡則說而不做。我們愛講情面，但往往把是非與情面攪不清楚。而歸根結底是為了追求物質化的人際和交易性的價值。這種物化的價值與本性中追求意義的天性，發生嚴重的割裂，產生了強烈的不安和空虛感。

人越是渴望物質來填補空虛，就會變得越貪婪。到最後，則會因物慾薰心而瘋狂。不但失去理性，失去真情流露的情感，同時造成了生活上的錯亂。

當生活被物「境」牽著走的時候，自己便有著不能自制的無力感。愛、責任、慈、悲、喜、捨等等代表生命活力的本質，就被抑制在潛意識，形成了一種不安的心理動力，引發了價值的紊亂。

我們已經遭到許多精神生活被境轉的實際困難。當人們得到某些財物時，便顯得得意忘形的激動，或者刺激尋求更多的囤積，成為真正的「物奴」。當人們在追求權力時，也同樣表現出對權力的錯亂，想擁有它，錯認它為一種引以為傲或防衛機制的護牆，疏忽了權力本身是一種責任的神器。至於愛情那就更不用說了，對許多人而言，愛是一種被物化的東西，不是人類相互關懷、相互給予與尊重的美德。然而，對現代人而言，愛情是有對等條件的，是可以交易或剝奪的。大家把愛當做一種心理需要，那是一種低級層次的認知。真心的愛是一種光明主動的人性流露。

我們確實因為對愛的錯解，已經導致許多麻煩。大部分的人相信婚姻就是性生活的別稱，而性的活動一直被認為是婚姻賴以維持的重要活動。結果性行為似乎不是因愛而起，相反地，把千奇百怪的性行為或倒錯行徑誤作是愛。這就犯了羅洛梅（Rollo May, 1909-1994）所謂的割裂（schizod）。當我們處處是在「作為」時，我們是被色、受、想、行、識牽著走，便失去了如如不動的本質。那是現代人精神生活的病症。

現在我們連家庭制度和最完美的家庭倫理也開始動搖了。就拿離婚率來說吧，根據民國一〇〇年的統計，結婚的有十四萬二六六九對，離婚的有六萬四五四〇對，比數為二•二一比一。台灣離婚率為亞洲之冠。這是一個驚人的狀況，也表現了在我們的社會中，正走向缺乏真愛的現象，而將來會有更多無辜的孩子，成為離婚父母的犧牲者——他們得不到正常的愛和心靈的滋潤。

精神力量是維持一個人堅守原則、維護正義的主要根源。我們的學校教育雖然強調愛的教育，但是所給孩子的都是知識，或者要他們記憶一些考試時可以爭取分數的抽象觀念，很少涉及到知與行之間的融合、體驗和歷練。這種沒有實際體驗與回饋的認知，充其量只是一種知性化的東西。它很難達到荀子所說：「入乎耳，著乎心，布乎四體，行乎動靜」的境地。行為與道德的知識，一定要在與別人相處中相互回饋而學得。只有知性的了解，所造成的知性作用，不可能實現為真正的善行。

我們新一代的社會責任低落，內心空虛，一味追求唯感的享受。許多心理學者認為它是青少年時期的自然現象。我不敢斷言那不是自然現象，但我敢肯定如果不透過有效的指導，讓他們負起責任，品觸到自制自立的喜悅，他們將淪為唯感的奴隸。

感性的價值觀

價值觀念是我們衡酌待人處世的天秤，是引導我們思考、創造和如何實現人生的契機。追求價值是人類的天性，每個人價值觀念可以不同，但不可以沒有價值觀念。因為失去價值觀念便會失去做人的原則。另一方面，人的價值觀念可以彼此不同，但不可以否定人性，或者違反人性。因為否定與違反人性，等於絕滅了人類賴以活得幸福的通路。

人類的價值理念，就其分類而言，可分為理念文化、中庸文化和感性文化。理念文化崇尚性靈的追求，而忽略了生活的本身。感性文化強調感官的滿足，因此所有看不到的、不能證驗的，都被否定，以致失去了屬靈的生活。

我們的社會強調科技文明和經濟成長。但是原有的理念文化漸漸式微，以致走入價值的歧途。我們唯利是圖，視聲色之娛為常道。感官成為對錯、真假與價值判斷的根據。於是我們失去了超感的經驗，失去與宇宙相互交流、並享受「與天地等參」的生命意義。這樣的文化趨勢，將反過來障礙經濟成長，造成嚴重的社會問題。

感性的價值使我們生活在老子所謂「五色令人目盲，五音令人耳聾，五味令人口爽，馳騁畋獵令人心發狂」的生活模式裡。我們用數量來看周遭的事物，美和喜悅悄然消失。我們用感覺去了解生活，自己就成為物的追逐者。我們追求唯感的享受越多，越覺得自己一點也不富足。在乏味的經驗主義和庸俗的功利觀念下，我們變得貪婪，在意志上不堪一擊，而心靈生活變得空虛與窄化。

在唯感的生活價值體系下，大部分人失去高級宗教信仰，失去布施、持戒、忍辱、禪定、精進等實踐性美德，而使自己的精神振作不起來。感官原先是一種工具，是維護人類精神生活的一部分，現在則本末倒置：為追求享樂，卻犧牲了寶貴的精神力量。於是我們缺乏遭遇挫敗時的抵抗力，產生精神生活上免疫力不全的症候。因此精神官能症的人開始增加，性格障礙（personality disorder）或身心症（psychophysiological disorder），以及生活適應不良的人口遽增。最常見的精神生活困擾是空虛、不安、焦慮、失眠、緊張、情緒低落。這些都是失去理念性價值系統，加上感性文明下機械式生活與無止盡的競爭所引起的。

根據美國最近的調查，每年有百分之二十三的人，被診斷出有心理疾病。台灣亦有類似的現象。除了「需要醫療幫助者」外，精神生活苦悶，而難以自處者，為數更為可觀。我們必須注意一個令人警惕的現象：目前台灣十大死亡原因中，自殺已經是第九位。精神生活的課題，殊值我們注意。

為什麼說那是值得警惕的現象呢？根據佛洛伊德（Sigmund Freud, 1856-1939）的理論，人有求生的本能，也有求死的本能。求生的本能是人類成長進取的動力，它是絕對第一優先的動能運作方向。但是，當求生的動能無法實現時，人就有尋求死亡本能的企圖。試想，正常的人求生存都來不及，而一個精神苦悶者，卻情願結束自己的生命，可見其精神生活所受到的折騰有多嚴重。

我們被感性的社會價值牽著走。它已經是我們文化型態的主要價值觀念。如果我們不從中超越出來，尋求一個中庸的精神生活，就會成為自己創造出來的工業技術與經濟制度的受害者。

在感性文化體系裡，娛樂是大眾不可缺的一環。因此，大部分人休閒活動就是坐在客廳看電視，或者呼朋結黨，群居終日言不及義。首先我們說娛樂吧，從娛樂的性質來看，就是我自己快樂不起來，空虛或無聊，所以我需要藉著外來的調侃，逗得自己樂而忘憂。就本質而言，需要娛樂似乎表示自己已經失去快樂，然後像飢渴一樣，需要餵哺，需要被娛樂。試想，當我們的心靈貧瘠到需要用庸俗的娛樂來填補時，我們又是何其窮困呢？在理性文明的時代，詩歌與音樂，文學與藝術，無一不是開啟心靈、引領我們走入怡然自得的悅樂。但是現在的娛樂似乎不是為了開啟性靈，引領悟入完美自由的心靈宇宙，與大自然得到相契的清馨之喜，或實現與生活相即的圓融。現在的歌舞與流行歌曲，是用來消遣的，用來打發無可奈何的寂寞。

再看看我們的教育，在理念上是德、智、體、群、美五育均衡發展。但實際上是為了升學，為了把孩子推向無止盡的考試與讀書競爭。誰都知道那是錯誤的，但那是社會的一部分，大家都在不得不如此的情況下，把孩子送上考試之路，任由考試來摧殘孩子身心的成長。我們的錯覺是只要考取大學就有前途，因為大學的學位是看得見的「名器」，有了它就有了交代，就盡了為人父母的責任。但是在我的輔導經驗中，發現許多大學生的心智與情感並沒有得到應有的啟發。他們的理性與情感往往因為記誦太多考試的瑣碎題目，而疏忽對性格與情感的引導，變得有些疏離。學校是讀書或升學的地方，而不是孕育生活智慧與心智的地方，那是目前教育的缺憾。在這樣的環境下，我們只能培養感性或缺乏原則的知識分子，而很難培養有學識、有擔當、有道德勇氣的青年。

國民中小學是每個人一生當中，最具決定性的時期。當我們以培養鬪鷄的方式來訓練孩子上考試擂台的同時，另外有更多的青少年因為學業競爭不過別人，不能進入特別班級，他們受到的打擊也就不言而喻了。

其實每個孩子都有自己專屬的潛能，它就像是一塊璞寶。由於大家只重視升學，相對的那些學業未能達到水準的孩子，就得不到充分的啟發與關心。失愛的孩子是孤獨的、寂寞的。他們遇有機會就開始投入為非作歹的幫派團體。那兒有得享受、有得縱慾，更加倍容易在吃喝玩樂中學壞了。

感性的價值體系，使人失去道義，使人失去追求生命的意義與真理。觸目所及就是權勢與名利，就是燈紅酒綠，就是慾望的競賽與享受。社會的風氣就這樣沉迷在唯感的柔弱夢魘裡。

意識的扭曲

由於過度重視物質享受和無止盡的競爭和追求佔有，日復一日，使人們感到疲憊與焦慮。由於失去了超感的生活，失去對真理的實踐與信念，我們已成為宇宙和自然世界的畸型兒。在精神生活上，併發出許多奇異的精神困境與苦悶。這些現象很明顯地是來自某些現行意識觀念的扭曲或錯覺。

第一種扭曲的意識是把進步錯當流行。在我們的教育體系裡，教師一定標榜進步，產業界必然強調進步，各行各業無時無刻不在追求進步。「進步」原先是一種傳統的美德，例如儒家就強調說：「苟日新，日日新，又日新」。新就是進步，就是從舊的解脫出來，展現新的機運，而見諸於生活各方面的改善與成長。沒有進步就表示適應上發生困難，而無情的自然力量，就會把我們吞噬。

英國歷史學家湯恩比（Arnold J. Toynbee, 1889-1975）認為：文明的進步是「挑戰與反應」的連續演出。每一個挑戰激起一個成功的反應，而成功的反應又造成另一個新的挑戰，接著又再產生另一個成功的反應，那就是進步。進步既然是一種美德，那麼很快就成為人類追求的「共同的意識」。在每一個人的心目中，如果被認為沒有進步就是可恥，於是無論如何也要挖空心思尋找進步，以免遭受趕不上時代之譏。

進步必須有真本事，要做得比原來的好，這談何容易呢？於是進步的意思開始被扭曲——我雖然不能創造，但總可以趕流行，以免有落伍的自卑。

流行是一種不甘寂寞的心理反應。它不具有選擇性和判斷性，而是一廂情願的接受。如果我們把這種風氣，視為心理意識的傳染，一點也不為過。

就流行的層面而言，我們最耳熟能詳的是流行時裝、流行髮型、流行歌曲、流行的化妝品或者各種娛樂。這些流行，我們給他取個雅號叫「新潮」。流行使一個人盲目地跟著別人走，失掉判斷，更談不上醒覺。

如果流行只是發生在上述的生活層面上，則無傷大雅。不過當我們面臨明辨是非和處理正事的時候，如果也用「流行」來敷衍，那就有了問題。

第二種意識的扭曲是錯把標新立異當作創造。這是一種對創造觀念的錯覺。現在的教育最注重創造力的啟發，鼓勵孩子自由思考，發現問題，探索答案。由於引發學生創造思考的資料不足，於是孩子被誤導成亂發問題。我經常發現許多孩子是為了發問題來滿足「創造」的幻覺，而不是真的發現問題或求知。許多老師告訴我，有不少孩子滿口「為什麼」，但所問的問題，連他自己也不知道問的是什麼？

創造力的啟發是先遭遇困難與困惑，接著是引起尋找答案的動機，再其次是進行探索與證驗。但是許多孩子只被教以追問「為什麼」，「為什麼」已經成為創造思考的口頭禪。而這個懵懂的「為什麼」卻成為創造力的障礙。

在實際生活過程中，當人們無法創造時，總是自卑並帶著難耐的不自在。在心理運作上必須突破這個困局，於是有了兩種可能的反應。其一是既然無從突破現狀，獲得創造的滿足，那麼我就用奪取或暴力來破壞。這誠如弗洛姆所說：「我既然不能用創造來實現自己，那麼就用破壞來獲得凌駕的滿足。」很明顯的，犯罪最多這段時間正是渴求創造的年齡。當他們無法創造時，就走向犯罪之路，以財產犯罪、暴力犯罪或其他犯罪來填補心裡的活動系統。

創造是人類的本性，也是一種心理現象，當他不能創造時，他便以反向的發展，證明自己是「能夠」主宰自己。在這種妄念之下，許多人因之鋌而走險。

另一種標新立異的方式是：既然我不能創造，良心上也不允許自己去犯法，於是改用一種堅持的態度，無端提出反對的異議，做出令人注意的行為，穿著奇裝異服，表現沽名釣譽的心態。時下年輕人行徑標新立異，強調那是一種「美」與「創造」，可見他們對於創造的渴求。

追求標新立異並不是年輕人的專屬性格。我們的社會，到處都可看到為標新立異而作的文學、藝術、商業上的噱頭、譁眾取寵的言論，諸如此類情形已成為現代人普遍的性格之一。

第三種意識的扭曲是迷信。這是由信仰的錯覺所投射出來的行為與思想。信仰本是人性的需求之一，由於信仰所產生的宇宙觀與立命的架構，使自己有著置根、安全和定位的滿足。但是信仰一旦走入僵化，就造成知性與覺性的萎縮，那時就使自己原有獨立自主的真我，驟然變成向神祇搖尾乞憐的待哺嬰兒。或者無功地期待神祐時，其內在的光明本性，從而被慾望和塵勞所障蔽，而無知和愚昧就是這樣發展出來的。

信仰是追求真理與正覺的基礎，正信是醒覺的起點。正信的人隨著修證和頓悟，證實自己的信仰大致不差。因此正信所引發的醒覺，能把一個人引入智慧的聖域。相反的，如果信仰是建立在對神的乞討，建立在對慾望的祈求滿足，信仰即刻成為貪婪的工具，自己也淪為愚迷的奴隸。

當一個人走入低級信仰時，生活的創造力開始萎縮，聽命於神祇，力圖巴結與賄賂神祇。於是退化性情結與情緒即刻表現出來，他必須像寄居蟹一樣，縮退到不是屬於自己的軀殼裡，背負著它，隨時需要它的保護。

台灣的教育是普及的，在學校教育中對迷信的破除雖然不遺餘力。但是整個社會卻脫離不了迷信的傳統與風俗。結果青少年一離開學校，便開始了一廂情願又帶著半信半疑的心態，走入無助的祈求與迷信，而認為它就是信仰，是傳統文化的一部分。於是錯覺產生了，他們迷信於風水，迷信膜拜時祈求的奇蹟，情不自禁地要接受比自己更愚昧的神棍矇騙。

在社會上已產生了一種怪異的現象，簽注彩券或樂透是其中最富貪婪與迷信色彩的行為。人們為了中獎，不惜到神明前面哀求，並將強烈慾求所產生的幻覺，視為靈應的神蹟。於是多少「善男信女」，聚集在一棵大樹下，祈求「神」的啟示與顯靈，那就是「妄」與「心魔」的結合了。在無知、迷戀與幻覺下，任何一個現象都被視為一種靈驗，加以猜測與解釋，像瘋狂一樣一傳十，十傳百，賭風和迷信的幻覺，成為橫掃台灣的一種歪風。那是信仰的錯覺，也是貪婪意識型態扭曲後的一種幻覺。

對神的崇拜是傳統習俗，我們往往把一代偉人或聖人予以神化而膜拜，而對神的信仰是建立在申明大義與開啟人性智慧的理念上。然而，當我們走向「人神契約」或「相互勾結」而成為一種褻瀆之時，人性已被愚迷和低劣的慾望所完全障蔽。

第四種意識的扭曲是縱慾。這是因為自由觀念與生活型態所帶來的錯覺。近代歐美的自由觀念輸入我國，無論在思想上、政治上、人身與財產上，都期求自由。自由誠然可貴，但是自由並不是為所欲為。固然在社會行為上，應以不妨礙別人的自由為自由行為之準則。在這個前提之下，你可以暢所欲言，可以行所欲行。但是為了社會的安定與秩序，自由與法治成為同時存在的「連理」，任何時地都不能把它分開。這是近代民主政治最輝煌、最具成就的一頁，我們可以稱它為獨步歷史舞台的偉大建樹。

但是人類的生活並非只限於自由、民主、法治所建立的運作體系。我們還有另一面生活，它的範圍遠比外表所見的社會行為或行動還要大，那就是我們內在的心理世界。它包括了情感、理性、慾望以及超感的種種反應，我們統稱它為佛性與煩惱。它們是共同存在的，如果我們不能醒覺過來，不能自由自在地主宰自己的情感、慾望和妄念，我們就會變成脫韁之馬，縱慾無度，被無明所纏縛。唐代高僧神會（684-760）和尚說：「無明與佛性俱是自然而生，無明依佛性，佛性依無明，兩相依，有則一時有，覺了即佛性，不覺了即無明。」當我們假借自由之名，為所欲為時，我們開始走向縱慾之路，而無法自制。這種情形，從另一個角度來看，我們並沒有得到心靈的自由，而是失去了心靈的自由。因為自由的佛性和理性判斷，已被「自由的縱慾」所控制，而失其人性的光明面了。

縱慾是我們社會的現象之一，聲色之娛，揮霍無度。只要是能享受的，我們假「自由」之名，毫無忌憚地大快朵頤一番，然後美其名說「對酒當歌，人生幾何」。社會上一片奢靡，而色情氾濫更是嚴重。它給現代人帶來病態的生活和無盡的精神困擾。

自由本來是生活的「神器」，對維護社會生活與政治運作極為重要，對個人心理生活亦復如是。生活最重要的是「心靈自由」，要能明辨是非，自我肯定，從種種「境界」中醒覺過來，那是自古以來修身養性之要。

如今卻把自由錯解成為所欲為。只要能躲過法律條文的限制，就可以順理成章的去做，而縱慾之風，將使更多人埋葬在慾火的墳場。過度的慾望是現代人心理疾病的根本原因。

思想自由必須懂得「無作為」的智慧，意見不同可透過價值制衡得到結論。但是當內心裡存在著一股慾力在催動時，我們就會偏離上述生活之道。

以上四種扭曲的意識是我們生活與思想上的「魔境」。如果我們以慧眼去看它，它就冰消瓦解。如果我們起了執著，就會陷身於愚昧的困境，得不到超越與提升，永遠脫離不了心病。

精神生活的困頓是因為內在的我被境所牽引而造成的，人一旦被境轉，光明的本性就被薰染，而成為有成見、有罣礙、有恐怖、有顛倒夢想的無明。那時貪、瞋、癡、慢也就像塵垢一樣，把自在清淨的本體變成污濁不淨的心理世界。

貳

現代人的精神癥狀

由於我們生活在上述的「境」裡，脫離不了資訊社會僵化及緊張的生活，擺脫不了物質慾望的引誘，當然也很難在感性的紛亂價值中超越出來。無疑地，現代人很難脫穎而出去過清醒自在的生活。於是，我們無功地隨著境轉，精神生活脫出常軌，於是普遍反應著困頓與不安。以下這些現象可以看出精神苦難與困頓的原貌。

不是為了生活而生活

生活是自我實現的過程，它是直接的、單純的，無須間雜任何生活以外的東西，因為只有這樣生活才會落實。也就是說，當我們在不執著於名利，不情染於地位權勢，不摻雜其他文飾性的防衛機制時，才能感受到自在的喜悅。

當你閒坐休息，面對著「秋山入簾翠滴滴」的景緻時，你在休息，是在投入完美的人與自然結合的喜悅。那時，你是真的在生活，而且活得非常踏實。相反的，如果你泛起了「睹物思情」的牽腸掛肚，那時你就不是投入生活的清妙與實在裡，而是活在一個妄念之中，無法啜飲到生活所引發的喜悅與清新之感。

精神生活與物質生活的得與失不同。在精神生活中，只要你加深一點點，就會失去那一點點；如果你想執著得更多，就會全盤落空。老子所謂的「為道日損」就是最貼切的提示。

由於現代人所追求的是物質，是名利，是操縱權利的心機，以及隨之而來的自大與自傲。於是單純的生活，被無盡的競爭和追求所取代。佔有和防衛性的不安盤據了心頭，衍生出緊張與貪婪。它表現出窮困的精神現象，而窮困更促使自己再度投入無止無盡的競爭與追求。

現代人根深柢固的行為特質是向外追求。認為價值在外不在內，因而養成了豪奪的習性。終日為了取得與佔有，遺忘了生活本身才是目的。套用六祖慧能（638-713）的偈頌說：

離道別覓道，終身不見道；
波波度一生，到頭還自懊。

由於我們不是為生活而生活，是為了自己的妄念而奔波，所以我們得不到真正生活的樂趣。把工作當做是一種負擔，而不是把工作視為一種實現。把人際關係當做操縱的把戲，而不覺得它是友愛親切的情懷。生活變成了勉強的活動，於是形成了苦不堪言的負擔。

現代人為了物慾與財富，已經把生活當做過程而非目的。本末倒置的結果，導致了許多精神症狀，這些症狀包括失眠、緊張、焦慮、神經衰弱、空虛與倦怠。我們可以說現代人已經失去了生活的意義，而成為物慾的奴隸。

唐朝趙州禪師教人「平常心是道」。現代人卻頭上安頭，在平常生活中加上許多妄想，以至寢食難安，不得自在。唐末無盡尼的〈詠梅詩〉最能省發我們的生活態度，她說：

終日尋春不見春，
芒鞋踏破嶺頭雲，
歸來偶過梅花下，
春在枝頭已十分。

我們脫離生活的本身，到處去尋找好的生活，就好像你自己就在春光明媚的景物之中，卻愚昧地向外尋找春的妙悅。結果弄得筋疲力竭，喪失了生活的情趣。這時，如果你佇足察看，欣賞一下四周的風物，即刻就要悟入寒山子（700-780）所謂的「蜂蝶自云樂，禽魚更可憐」的自在喜悅。那時才真正體會到人生的快樂，早已「十分」綻放在生活的枝頭上了。

現代人的心病是怕別人不知道自己。這正與孔子所說的「不患人之不己知」恰恰背道而馳。結果總是在虛張聲勢，總是在文飾偽裝。原本追求喜悅的生活之意志，被一波波的「作為」給抑制到潛意識裡頭，成為緊張和焦慮的情結。所以我說不為生活而生活是現代人的第一種通病。

生活失去主動性

在資訊化社會裡，每個人都是「組織人」。他必須是組織的一部分，不管他是屬於一個公司、一個機關或一個大工廠的成員；無論你是勞心或勞力，是藍領或白領，你必須接受一份工作的責任。如前所述，那份工作是隸屬於整個制度，是在你接受它之前，它已被安排好，要你去執行或承擔。你有責任和義務把它做好，但似乎很少可能有機會享有主動的決定權，除非你是老闆或是高級主管。有時甚至是高級主管或老闆也無能為力去做一個自主性的決定。畢竟在一個制度化的社會裡，你必須考慮人與人之間彼此的關係。當然你也必須遵從系統化的工作分派，才能使生產效率提高。

這是一種新的生活制度，是幾千年以來所面臨的新經濟生活方式。它是事實，已擺在我們的面前，無從選擇和逃避。無疑地，它帶給我們許多新的建設與福祉。但是這種生活方式，卻有個強烈的副作用——失去追求獨立自主的希望。它對個人長久以來的壓抑，形成了精神生活的不安與焦慮，引發了倦怠感和空虛感。這即是許多人要尋找刺激、尋找麻醉和尋求逃避的原因。

失去主動性精神生活，會使一個人變得冷漠，而把工作當做一種負擔，結果那份勉強與倦怠，使人失去生活的樂趣與愉快。

我們必須注意，當社會成員普遍失去生活的主動性時，所反應的倦怠與空虛、焦慮與緊張，必然迫使個人尋求發洩。這種發洩或出路具有共同性與普遍性，而形成社會風氣。奢靡是為了補償心中的寂寞，色情是為了尋找刺激與狂歡，大吃大喝是為了忘掉一時的困頓。日子久了就會形成一種特有的病態社會性格，它很難扭轉改正，除非能在心理生活上有了新的轉機。

我們必須特別留意，在現有的社會制度之下，精神生活發生困擾的人已有增加的趨勢。依我的觀察，最普遍的一種是「無病呻吟的疾病」。他們大多悲觀，失去活力與朝氣，其明顯的特徵是「雖然我有工作，但我並不喜歡」。不過這些困境是自己執著才產生的。誠如黃檗（?-850）禪師說：

凡夫取境，

道人取心。

精神生活失去自主性的人，就是容易被四周環境引誘的「凡夫」。現代人由於極力想要逃避忙碌和不能自主的生活方式，轉而尋求物質的享受和麻醉，從而引發許多精神症狀。反之，如果我們能任運於優游之道，主動發現一些生活的情趣與意義，我們便能轉消極為積極，化煩惱為喜悅了。

一個人若失去了自主性，就如同枯木一般，在消極和萬念俱灰的心情下變成「無記空」，變成行屍走肉。這種消極的心態，使一個人振作不起來。物慾與麻醉就在這種情況下乘虛而入。多少青年人吸毒，出入於色情場所，正是今日青年人的心理苦難。

放縱而疏於自制

在精神生活上，現代人普遍以「自由」做為價值判斷的標準。如前所述，自由已被現代人曲解成「為所欲為」。久之，我們失去了自制的能力。我們不但成為物慾的奴隸，而且變得不能自制。在物質化的生活中，「我」與「境」主客易位，本來應該是境隨人轉的，現在人隨境轉。於是失去了自制和作主的能力。

許多人的精神生活似乎在退化。他們失去毅力，失去任重道遠的耐力，失去人能弘道的本性。於是在心理上顯得很脆弱，不能做持平的判斷。只要四周的人怎麼說，就跟著怎麼說，情不自禁，一窩蜂地跟著去做。別人買股票，自己也跟著去買股票。別人家的孩子送去學音樂特別班，不管自己孩子是否具有音樂才能，也盲目地送去。

在社會上現正存在著一種風氣，只要「我能夠」就一定要去做，只要別人說好，自己就想擁有它。於是對於庸俗的社會價值有了無可抗力的接納性。許多商品的廣告，就是抓住這個弱點而達到推銷的目的。例如化妝品、流行的裝飾品、進補的藥物，都是在無可抗力下推銷給消費者。而消費者，經常是在不惜「高價」下買下它。然後，為著缺錢或調頭寸而苦惱萬分。

自制表示自己能有效地節制慾望和享樂。一個縱慾的人，無疑是貪婪的，是永遠不能知足的，所以長期處於窮困，他注定要被「饑餓」折磨。現代人的心態，顯露著這種貪婪與困窮。因為人們在滿足慾望的過程中，一直處於嗷嗷待哺的情緒反應。

不能自制也表現在力不從心的掙扎與矛盾上。時下有許多青年，在知性教誨下，何嘗不曾興起勤勞與努力的念頭。但是在下定決心之後，只用功了一兩天，就開始倦怠了。五分鐘的熱度，是時下青少年學業無成、學藝不精、終致一事無成而流浪街頭的原因。心理學家們稱這些人叫做階段性心理發展的暫時現象。但我認為如果在這個發展過程中，不能振奮起來，不能學習自我約束，沒有「格律」來維持其向上成長，就要走入消極的心態，步入心智發展過程中的陷阱而難以翻身。

我想沒有一個人一開始就自願要養成吸毒的惡習、沉迷於色情或網路遊戲，它是在好奇、嘗試及伙伴的慫恿下，種下無以自拔的慘劇。當然，也沒有人一廂情願要好勇鬥狠，它是在失去自制的能力之後，才放縱暴力的本能，反叛一切。再說，有許多迷惘、犯錯或吸毒者，未嘗沒有有過回頭是岸的意念，只是一旦失去自制的能力，那些意念都只是一場美麗的妄想而已。

許多心理學家認為是因為孩子失去愛才開始誤入歧途，走入魔窟無以自拔。但我認為一個人長大到了青年乃至成年，他自己應當負起責任，必須自己努力向上，而不能老是把責任推給父母或社會。這個觀念是重要的人生哲學，是精神成長的真理。因為當一個人不能自制時，外境就把自性緊緊的纏縛著，而失去自由，失去正義與智慧。

再從言論自由來說，現代人由於失去自制，因此最愛一味批評別人，而忽略嚴以律己。把挑剔別人當做一種自由，事實上那是一種低級趣味。

現代社會的共同病症在於不能自制，不能自制是自由民主社會中最嚴重的敗行，是放棄生活戒律的結果。佛陀曾說：

當尊重珍敬波羅提木叉（按：戒律）
如闇遇明，
貧人得寶，
當知此則是汝等大師。

戒律就是心理學所謂的生活格律，有格律的生活使人振奮自強，如盲人得見光明，如困窮得享至寶。因為格律就是生活的導師，其重要可知。反之，放縱無度，毒害無窮，而現代人正受這種精神上的毒害。

就現代經濟生活而言，我們也應該有自制的美德，才能避免無謂的災難。比如說，我們拚命的發展經濟，盡其可能大量生產，或者為了一時的利益，而影響環境生態。我們必須認清，生活是人與自然的結合，事實上，人不能創造什麼，只不過是投入自然，發現自然之中可以運用維生的少數材料而已。但是，如果我們在「人定勝天」的自傲下，不斷地揮霍無度，浪費資源，製造環境污染，不久的將來，我們就要面臨著無以維生的難題。

有節制的使用資源，珍惜大自然所給予的一切，避免破壞與污染，那麼現在所居住的地方即是「淨土」。能以慈悲心看與我們共同生活在這大自然的生物，而享受生態平衡所賜予的正常生活，那就是「平直心」。但在這一方面，我們做得實在很少。

在過去的日子裡，我們把生活建立在「自制」上，所以是節儉樸實。現在卻強調「消費刺激生產」，強調大量生產，發展經濟，把自己餵哺得很好，娛樂得如癡如迷。事實上，我們快樂嗎？答案是很明顯的，因為如果我已快樂，就用不著去尋求娛樂。

人類精神生活能夠維持健康活潑，不是從滿足物慾和感性的享受得來的。精神生活能夠喜悅自在，是因為能做自己的主人，能自制，能在宇宙之間參贊化育，能發現活下去的意義。但是大部分的人對這方面似乎毫無所悉。

「自我肯定」的曖昧

在無窮盡的競爭和價值分歧的社會裡，另一種精神生活的偏態就是失去自我肯定的能力。由於個人太重視自己虛有其表的「我」，太重視別人對自己的看法，於是「我相」成為生活上最重要的價值，而擾亂心靈的平靜。由於太怕「自己」下不了台，想維護自己的尊嚴，結果造成不能自我肯定，不敢誠實地說一聲是或不是，否定了本性中的至德。

不能自我肯定有幾種特質：首先是不能自覺，不能醒悟到自己的本質，連自己該做些什麼，自己的興趣、能力和環境因緣是什麼都不清楚。一個對自己無所悉的人，一定是迷茫的，是沒有方向的。在分工精細的社會裡，強調的是因材適所，發揮自己的特長。對自己無所悉的人在謀生適應上自然發生困難。時下青年們最大的困擾之一，就是對自己毫無所悉。

其次，每個人都有自己的缺點，也有自己的優點，無論是好的是壞的，是能改變的或無從補救的，你必須先接受它。這樣才不致產生虛幻，才能落實地工作，勇敢地生活。佛經上說「大死一番再活現成」，無非就是叫人先去掉虛妄，接受自己，根據自己的本質去生活。

人與人之間是不能比較的，比較的結果總是造成迷失，帶來一些否定自己的困惑。生活的本質是：「你之所以為你是好的，我之所以為我也是好的。」這樣的觀念就是「平等性智」。目前我們的社會秩序很講究平等，但是在精神生活上，卻往往否定自己，羨慕別人，缺乏平等的自信。一個自我否定的人，很難有健康的精神生活。

每一個人都有自己的根性因緣，在「迷」的時候必須「師度」，請老師指導。在「悟」的時候，因為醒覺了，有所發現了，就要「自度」，自己去實現圓滿的人生。但是在我的輔導經驗中，有許多青年人正面臨著否定自己的危機，他們否定自己的能力和所處的環境，一味地羨慕著別人的成功與榮華，結果在精神生活上發生了「短路現象」——一味想要發財，眼高手低，心理生活充滿著矛盾。

與自我肯定關係密切的是價值取捨的問題。人的精神存在於價值抉擇和價值實現的理念世界。所以追求某種信仰、信念或目標是很自然的，它是生活本質的一部分。信仰若不是建立在醒覺上，就會走向迷信，造成精神生活的墮落。

宗教與藝術同為人類超感經驗的來源。其與精神生活息息相關，但對宗教的信仰，必須建立在純真與正信上。宗教能給予我們生命完整的軌跡，讓我們在虔誠之中，品觸到喜悅的訊息，從超感的經驗中，接觸到宇宙萬物的義諦。

但是有許多人卻在信仰上發生了嚴重的意識性扭曲，演變成無能的祈求和依賴。這樣的反應，傷害了個人精神生活的自主性，同時在知性上發生嚴重的萎縮。當你看到許多人聚集在神廟裡，祈求神的顯靈時，你也許會莞爾一笑，但從心理學的角度看，那是一種知性的退化，有礙於心理健康以及積極思想的發展，當然也喪失自我肯定的能力。

自我肯定是追求真理、免於產生妄念的唯一之道。人若能真正肯定內在的自己，就能做到唐神讚禪師所謂：

靈光獨耀，迴脫根塵，
體露真常，不拘文字。

這裡所謂的「文字」，並非只是狹義的文字語言，而是包括一切文飾不自在的種種行為。也就是說，當一個人能清清楚楚地說真心話，做真心事，肯定自己的本真時，那時才是體露真常，靈光獨耀。然而現代人似乎最缺乏對自己真誠，以致連自己也想欺瞞。這不就是一種精神症狀嗎？

理性與非理性的失調

人的生活包括理性的和非理性的。所謂理性的生活是指一個人的知性和邏輯思考的部分；非理性生活是指感情、情緒、直覺、藝術、靈性的領域。人必須在這兩方面同時實現才是平衡的、健全的、有創造性、有活力的。但是我們在生活上和教育上，太重視科學的分析和邏輯。這一來，生活除了用科技來滿足自己現在的慾望之外，似乎別無提升精神生活的指望。而科技以外之超感性生活和唯感以外的生活空間，一股勁兒被遺忘了。

然而現代人由於太重視邏輯思考和分析的訓練，缺乏非理性直覺與統覺的陶冶，我們幾乎不重視靈性、藝術和直覺的創造性陶冶，以致生活變得浮躁與不安。於是承載人類靈魂的寶塔開始傾斜，精神生活陷入失衡的狀態。人與人之間那種不計利害的博愛已鮮少存在，「無所住而生其心」的灑脫更是遠離我們的生活，而使我們徒有昌明的科技，不能真正提升生活的品質。

叁
禪的本質與內涵

在闡明現代人精神生活的困境之後，我們要轉移到另一個主題上——禪的本質及其對現代人精神生活的助益。

許多禪師或學者，都強調禪是不能以言語來闡述的，它是「言語道斷」的。但是我總認為如果形諸於語言「道」就「失落了」，那麼為什麼要傳下諾多的經典和豐富的著述與文獻呢？我的看法並不那麼悲觀。以心理學的角度來看，任何東西的傳遞都必須透過語言，沒有語言就沒有指授，失去承傳，失去人類智慧的薪傳。

禪的智慧絕對需要語言，即使是一個微笑、一個點頭、一記棒、一句喝，或者一篇文字的說明都是語言。語言可分為文字語言如文字、口語和符號；肢體語言（body languages）如表情、姿態和動作；象徵性語言如標記、圖像、雕塑、夢等。第一種語言屬於知性，最能用來表示邏輯和意識思想的內容，它在直接表達直覺與感受性上，往往受到限制，但它卻最能夠傳達事態與情感的屬性與狀態。雖然它不能直接表示禪家所謂的「月」，但它至少能告訴我們月在哪裡。它是「手指」，能指引你去發現和體驗。第二、三種語言屬於感性和直覺性的語言。你面對一個情境或欣賞一幅藝術品時，會有一種直覺的感受。這種感受帶給我們直滲肺腑的體驗，頗有如人飲水冷暖自知的神秘。除了以上幾種語言之外，禪宗特別強調「自然語言」，那是你親歷生活情境的直接體驗，這正是「耳聞之而成聲，目遇之而成色」的語言。那是最生動的語言，是無以名狀的。這正是禪家所謂「無情說法」的部分。

我所以要先特別就語言的特質加以說明，無非是要闡明語言並不是我們所想像的那麼狹隘，那麼容易在學禪的過程中造成「害義」。問題是當我們只沉迷於文字性或語言性的知性思考，而不肯身歷其境去實踐時，才會導致「言語道斷」。所以我們無須那麼忌諱語文，基於這樣的認識，禪的本質和意義才有敘述的可能和價值。

禪的本質與精神

禪引導我們走向自由，讓我們的本性和活力釋放出來，在生活中流露出自然平直的純真，直截了當地去生活，不要被妄念和外來的力量（境）牽著鼻子走。生活本來就是現成的，只需當下投入，無須多餘的作為；只要平直而心行一致，無須使用心理防衛機制（psychological defensive machanism），在真我和待人處世之間　加上芥蒂，造成一些假象，認假為真，生活在虛幻裡頭。

禪使一個人不墜入心病，因為心病源諸分辨、成見、撿擇、操縱等作為。「作為」

使一個人的心理生活劃地自限，把周遭的真相扭曲，墮入無明，產生偏見。所有的憎恨、怨懟、不滿、嫉妒、自傲和自負等妄念，都是不能平直行持，障礙了自性智慧所引起的。禪引導我們放下種種「作為」，以清淨之性體，優游自在地生活。

固然不錯，禪並不能使你免於饑餓風寒，不能免除你的疾病和身體的衰老，但它教導你如何承擔生活，投入生活，充滿法喜。它能教你免於墮入煩惱之海。禪對生活所下的妙方是平直心。平直心就是清淨法身，是生活智慧或本性流瀉的源泉，六祖慧能說：

心平何勞持戒，
行直何用參禪。

所有的教化工作，乃至戒、定、慧三學，總歸於心平與行直，而後見性實現。心行平直就是見性的方法，而見性所發出來的襟懷就是自由自在。所以心平就是定，行直就能產生慧，故《六祖壇經》上說：

定慧等持，意中清淨。

……

用本無生，雙修是正。

一切的大用，都在無生和無為上，使自性大放光明，遍照生活的點點滴滴，就能喜悅自在，充滿活力，所以說「直心即是淨土」。

人類的所有煩惱，都是由於比較、分辨、執著和種種作為所引起的。六祖慧能說：「菩提（智慧）本自性，起心即是妄。」妄就是煩惱的根本。禪為了使一個人能夠不起妄，便教人在「煩惱暗宅中，常須生慧日」，這個慧日就是法身，也就是清淨心。有了它方能轉煩惱為智慧，把生活落實起來，不受虛妄的干擾。

禪是要人生活在「慧日」下，把自己的作為掃去，呈現的就是「萬里長空」，自性大日如來就能「照破山河萬朵」。這個時候，我是我，生活得實實在在，是非不是不知，而是不執著於分辨；善惡並非不察，而是不起憎愛；即契之情並非不發，而是不起染著；境與我不是疏離，但不被境所矇蔽。這樣才是心量廣大，活得自自在在。所以《六祖壇經》上說：

心量廣大，
遍周法界。
用即了了分明，
應用便知一切。
一切即一，一即一切，
去來自由，心體無滯。

在無所執著中，我們「見性」了，見性是實現珍藏在自我心中的智慧，是了了分明的，沒有任何扭曲或壓制。這時所做的判斷自然正確，心情也特別平穩。

自由與實現無所謂在家或出家，一個人若能夠放下由薰染而來的成見和習性，真心去生活，把不屬於自己本真的一切虛假與外衣剝落，依照自己的根性因緣去生活，就是自由，就是實現。每個人根性因緣都不相同，教師在教師的生活中自悟自度，實現他的法體，教導學生。工人在工人的工作中自悟自度，實現他的法體，把工作做好，服務社會。各行各業，出家在家，均無不同，那就是圓滿的「菩提般若」，圓滿的自我實現。

見性

禪宗是在六祖慧能之後，才真正發展開來，它是中華文化精華的一部分。唐宋以來禪學賴以發展的根本經典就是《六祖壇經》。在這本經典中，對於什麼叫「見性」並沒有詮釋。但卻不厭其煩的說明見性的方法。我認為見性就是見性，就像生活就是生活一樣，用不著解釋。只要有了方法，就有了藍圖；有了藍圖，只要肯去實踐，便不難找到「寶藏」。

六祖指出見性之法就是「摩訶般若波羅蜜法」。這句話是梵語，譯作漢文就是大智慧到彼岸的方法。這個見性方法析言之包括三個要點，即：

一、心量廣大

一個人的胸襟必須是開闊的，像我們抬頭所能看見的宇宙空間那麼大。由於宇宙有無量無邊的空間，所以能夠包容一切存在，肯定一切價值。一個人若能夠有開闊的心理生活空間，不被種種成見、憎恨、怨懟、罣礙所閉塞，就能夠觀照一切，虛心地學習，心智不斷地成長，從而發出智慧，這就叫做「自性能含萬法」，而「萬法總在自性之中。」

心量廣大的基本條件就是對「空」的認識與實踐。能空才有大的心量，能「放下」妄念，放下心理防衛機制的種種文飾、補償、投射等等。因此，空又可以理解為清淨心或「無念」。《六祖壇經》上說：

從上以來，先立無念為宗，
無相為體，
無住為本。
無相者，於相而離相；
無念者，於念而無念；
無住者，人之本性。

在清淨無執著之下，人類的創造力——本性，才顯露出來。因此，心量廣大所謂的「空」，不是空心靜坐百物不思。而是心不住法、不住相、不住境、不住五蘊塵勞，把自性解脫出來，清醒地去流瀉含藏著的自性菩提。誠如布袋和尚所言：

我有一布袋，
虛空無罣礙：
展開遍十方，
入時觀自在。

空使一個人能真正在生活中「自得」之，「自得之則居之安」。這樣就是大自在，能實現圓滿人生，而不墮於精神生活的困境。

二、智慧

見性的第二個要點是光明智慧的展現。用現代心理學的觀點來看，智慧就是一種生活的創造性。它是醒覺的、有回應能力、能發而皆中節的一種心智。故云：

一切處所，一切時中；
念念不愚，常行智慧，即是般若行。

……

用自真如性，
以智慧觀照，
於一切法不取不捨，
即是見性成佛道。

智慧不但表示一個人能夠從許多偏見、主見、慾望等塵勞中解脫出來，同時也表示能從潛意識（unconscious）中解脫出來，使自己走向醒覺，能獨立判斷和自由思考。自性本身就是生活的創造力，但由於許多成規與禁制，把它壓抑下去而成為潛意識的一部分，卻往往在意識控制不住時，以非理性的方式表現出來，成為一種執著或偏見，甚至可能是一種抗拒或非道德的反應。智慧是源源本本從自性而發的，是未經扭曲變形的意識與知見。這種意識與知見是清醒的、有創造性的，它是「入佛知見」的根源。抑制與染著有關，染著愈深，自由的心靈受到的扭曲愈嚴重。

禪的旨意不是要使一個人成為某種規範的奴隸，而是使自性智慧大放光明，從而產生六度萬行。「三世諸佛十二部經在人性中本自具有」，人只要不被抑制，智慧是本然的，醒覺也是本然的。很不幸的，現代人太重視感性的生活，慾望因不斷地受刺激而增高，滿足慾望的方法也就無所不用其極。這種心能不斷地被激盪，而成了心靈世界的波浪。《六祖壇經》上說：

人我是須彌，邪心是海水，
煩惱是波浪，毒害是惡龍，
虛妄是鬼神，塵勞是魚鱉，
貪嗔是地獄，愚癡是畜生。

看看現代人生活於人我對立、多攻心機、強烈競爭及慾望高漲的情形下，便能了解我們是否用與生俱來的光明智慧過生活了。

三、離生滅

人總是在待人處世中生活，所以隨時隨地都在運用心智。這心智的主宰便是般若。它是既明的本體，而不是待開拓的荒地。這既明的本體，因為受到許多干擾，很容易失去光明面，就像一潭秋水一樣，變得波浪四處，無法清澈地照現四周的倒影，以致在待人處世上失察。

為什麼在這本性之湖會激起這些小波大浪呢？當然那是因為有所求，有所攀援，有足以「動心」的慾望和動機。生活是「我」與環境之間的互動作用，如果我們能在「平靜」的情況下去運作，那就沒有什麼好動容動心的。反之，如果因為「著境」而有所「作為」，例如想要實現一個自己能力辦不到的慾望，或為追求別人的讚美勉強去做不當做的事情時，平靜的心就會被境牽著轉，本性就被「作為」的波浪所矇蔽。我們起了「作為之心」，才有所生（生出操縱的心機），才有所滅（想逃避某些現實）。故云：

著境生滅起，
如水有波浪，
即名為此岸。

反之，如果我們以清淨心去生活，外於慾而行，不受利與名所奴役，那麼無論你做什麼事，自己總是主人，智慧之體也就能常現了。經云：「若無塵勞，智慧常現」，人的創造性只有在放下造作之後才產生。故云：

離境無生滅，
如水常流通，
即名為彼岸。

從以上的說明，我們很容易了解，禪的旨意就是一個人的徹底醒覺，使一個人的內在本真與潛能流露在生活之中，這也就是見性的本義。《六祖壇經》上說：

但於自心常起正見，
煩惱塵勞常不能染，
即是見性。

這樣就能內外不住，去來自由，心靈上才有「如水常流通」的活潑和「通用無滯」的活力。

見性的訓練

禪的見性訓練，自古以來有南北兩大派別。北禪以神秀為代表，偏重「三學」中的戒與定的訓練；南禪是慧能所傳，偏重「定慧等持」的訓練。我認為戒是很重要的一環，定與慧更是見性功夫的著力處。因此就戒、定與慧三學加以討論。

一、生活紀律（戒）

雖然自性般若本自具足，但這本來就有的自性法身，卻因為被煩惱與塵勞所矇蔽，被種種外在境界所牽引，而不能顯露其功能，以致喪失了光明面。塵勞與煩惱都是我們追求佔有和不合理的慾望所引起的。因此，如果沒有生活的紀律，就很難防止煩惱與塵勞的侵襲。

從心理學的觀點來看，每個人在生活上必須有個紀律，如果沒有紀律，往往會失去自制，因此紀律是一個人走向成長與實現的條件。佛法所說的戒，就是一套心靈生活的紀律。

對於一個學佛的人而言，戒律極為重要，因為沒有戒律就沒有行持，就沒有修行，所有的道行也就沒有根基。釋迦牟尼佛在《遺教經》中特別強調紀律的重要，因為有了它我們的行為才有所準繩。他說：

戒是正順解脫之本，故名波羅提木叉。
因依此戒，得生諸禪定及滅苦智慧。

戒律能使自己免於放逸，能防範種種慾望和虛妄的侵襲，所以有助於自性般若的彰顯。一個人在還沒有學禪之前，心中充滿著不合理的抱負和慾望，因而引起心理上的煩惱和焦慮。在思考上往往受先入為主的成見所羈束，而起種種分辨與執著。這時不但失去生活的創造力（智慧），同時也容易被妄想所欺瞞而誤入歧途。一個不能自我控制的人，就像蠻牛一樣，可能到處闖禍。自以為是的恣情縱慾，看來像是自由，但事實上卻嚴重地違背生活之道。因此，明朝普明禪師所作的〈牧牛圖頌〉（或謂〈十牛圖頌〉）內所闡明的修行步驟就是從戒開始。他在第一圖「未牧」時所題的詩是：

生獰頭角恣咆哮，

犇走溪山路轉遙，
一片黑雲橫谷口，
誰知步步犯佳苗。

人的野性與智慧是並存的，就如神會和尚所說：

佛性與煩惱俱，譬如金之與礦，俱時而生。得遇金師，鑪冶烹煉。金之與礦，當各自別。金即百煉百精，礦若再煉，變成灰土。

《涅槃經》亦云：

金者喻於佛性，礦者喻於煩惱。諸大乘經論，具明煩惱為客塵，所以不得稱之為本。若以煩惱為本，煩惱是為暗，如何得明？

《涅槃經》又云：

只言以明破暗，不言以暗得明。

而以明破暗的方法，必先以生活紀律來調伏與智慧並存的煩惱。普明禪師認為第一步就是要用紀律來「初調」，他的題詩是：

我有芒繩驀鼻穿，
一迴奔競痛加鞭，
從來劣性難調制，
猶得山童盡力牽。

這裡所謂的芒繩就是生活紀律，沒有紀律就不可能制服內在並存的煩惱，而顯露本性光明的智慧。沒有生活紀律，在價值分歧的社會裡，必然要迷失自己。

二、定慧等持

當我們的心靈不被「境」牽著走的時候，我們便是處於定的狀態，在這種狀態下，我們回到當主人的地位上，由是所生的心便是慧。換言之，《金剛經》所謂的「應無所住而生其心」，便是定慧並俱的結果。定與慧是一體之兩面，清淨法身就是它的老家。它所流露出來的，就是前面所說的平直心，它的作用就是一般所謂的直觀。直觀所帶給我們的訊息既不是分析的、系統的、邏輯的，也不是語言文字或知性的。它給予我們的是綜合的、統覺的、直接體驗的。因此，它把一個人帶入意義豐富的生活。

這種定慧俱足的平直觀照就是「平常心」，使一個人能在平常生活中，落實地體會出喜悅恬淡的樂趣；即使是一件很尋常的事，對他來說也變得妙悅動人。所以那時候的內在心理生活是意義豐富的。也正因為他是豐足喜悅，所以無須作為，《六祖壇經》上說：

> 定慧一體不是二，
> 定是慧體，慧是定用。
> 即慧之時定在慧，
> 即定之時慧在定。

現在如果我們再把定慧分別說明，那麼定就是禪那，慧即是般若。慧能的教訓是：禪那與般若為一，何處有禪那，何處就有般若，何處有般若，何處就有禪那，它們是分不開的。在慧能之前，這兩者是被分開的。至少，它們的同一體沒有被清楚肯定，結果竟至犧牲般若（慧）而強調禪那（定）。佛陀最珍貴的開悟體驗被人們當做靜態來解釋，以致把空的意義看成了一個死東西。慧能使開悟的體驗重新受到重視。

什麼叫做禪那呢？禪那是一種平靜的訓練，目的在使心理有平靜的機會，把煩惱加以調伏。「它把虛幻而卑俗的心意導向真切與誠實，它使我們對於超越感官的事態感到興趣，它在我們心中尋見一種精神力的存在，可以溝通有限與無限之間的鴻溝，最後它救我們脫離無明的枷鎖與痛苦，安全的將我們導致涅槃的彼岸。」根據近代禪學權威鈴木大拙（1870-1966）的看法，禪那對人類心靈的益處可歸納為下列幾點：

- 它可以使自己平靜，控制情感，節制慾望，免得墮入情與慾的漩渦或激流之中。
- 它有助於知性的明澈，把心集中在當前的事物上。
- 它有益於儲存精神能量，免於虛耗自己的精神。一般耽於浪費精神力量的人，遇到強烈的衝動或刺激，稍做掙扎，精神即告癱瘓。

● 它有助於我們接觸到永恆的價值，能有效地排除生活上瑣碎事物的糾纏與干擾。

坐禪在《六祖壇經》裡的解釋就是：「外於一切善惡境界，心念不起名為坐。內見自性不動名為禪。」又說：「外離相為禪，內不亂為定。」很明顯地，當一個人能不隨境轉，不於境上生心，而由真如自性起念，便是真坐禪，也就是定慧等一的意思。

唐朝神會和尚在回答哲法師時說：

念不起，空無所有，名正定。
能見念不起，空無所有，名為正慧。
即定之時是慧體，即慧之時是定用。
即定之時不異慧，即慧之時不異定。
即定之時即是慧，即慧之時即是定。

因此，定與慧必須雙修，兩者是明心見性之體用，也是超越現代精神生活困境的法門。

悟的意義

悟是禪學上很重要的一部分。當一個人做到定慧等持的時候，精神生活就有了一種直觀的能力。如前所述，直覺並非思考，而是直接當下的把握。它經常給我們一些靈感和啟示，使我們在當下悟入生活之理，而即契投合。

直觀是非理性的。但是直觀所提供的靈機，卻是理性思維上創造或發明的基礎。許多科學上的發明或數理上的發現，就是源自直觀，經由直觀的發現，再透過理則與邏輯證驗，而證實其為真。因此，創造力顯然與直觀有密切關係。

一個人透過定慧等持的功夫，其內在本性漸漸地清醒活潑起來，於是它能破除染著，直接體會到事態的如如實相，並發現其中存在的意義。於是在精神生活上，有了直滲心頭的喜悅與新奇，那就是發現，就是悟。

禪是活潑的精神狀態，是在活生生的待人接物中表現出來，而悟也就是在日常生活的事事物物中不斷悟出意義。一個人若不能從生活中悟出意義來，就會一頭栽進困惑的泥淖，導致性靈的窒息。因此悟是精神生活的呼吸，是一切活動的本源。失掉它就永墮不起。禪所指引的精神生活是實在的、現成的、非禁慾的。它是活潑的，這就像六祖慧能的學生智常所說：

情存一念悟，

寧越昔時迷。

精神生活的成敗在於自己能否從生活中悟出，從而獲得意義。因此，悟是不能說破的，同樣一件事情，你所悟的當然與別人不一樣，因為你是你，我是我。你說的是你的，不是屬於我的。即使你把你的頓悟告訴我，我所聽到的也只不過是對於你所悟到的加以知性化而已，稱不上是我悟出來的。也正因為開悟的不是我，我沒有悟的喜悅，沒有悟後的滿足，沒有開悟時的解脫。

由於悟是一種過程和實現，它只屬於悟的人，就好像吃飯一樣，飽是屬於吃的人，飽了之後的感受也只有吃的人在享有，所以叫做「說食不飽」。但是如果自己能夠從中體悟，那麼開悟的秘密也就在你自己的心中。悟雖然可以啟發，但不能言傳，所以叫「如人飲水，冷暖自知」。

這種必須自己去體會、直觀的開悟，就好像學數學一樣，如果每天只對著練習抄答案，那些抄來的答案畢竟不是你想出來的，所以無論學多久，你還是不會。精神生活的智慧也是一樣，更不能拿別人的答案當自己的答案，那是永遠處於不開悟的境況。因此，學禪不是不說破，而是說破了也沒有用。

生活就像一連串精神生活的習題，要每一個都能開悟作答，而不能囫圇吞棗，這就是見性。見性時「一切是一，一是一切」，是一種心靈與人格的統整與合一。它使我們從被壓抑及無量劫的「情結」中解脫出來，是清醒的，是覺悟的，是真知灼見的。

有一次有一位僧人去拜訪齊安禪師，齊安問：

「你這位座主修什麼？」

對曰：「講《華嚴經》。」

齊安問：「經中有幾種法界？」

對曰：「廣義的說有無窮盡，略說有四種法界。」

齊安豎起拂塵問：「這是什麼法界？」僧人沉吟說不出來。齊安於是說：

「思而知，慮而解，是鬼家活計，日下孤燈果然失照。」

悟是自己的事，是自己發明性地的事，是不屬於知解的事。道聽塗說是沒有用的，而是要實實在在於生活之中去悟、去度，才能享有光明的心地。

禪的倫理觀和自然觀

中華文化有兩個主要脈絡：一個是儒家，它是主流；一個是道家，它居其次。禪是在結合印度禪那與中華文化後才誕生的。因此，禪學是中華文化的一部分，如果我們從中華文化的角度去看，對禪的本質就更容易了解。由於儒家強調倫理，道家重視自然，兩者亦各有其宇宙觀，而禪宗則似乎透過一種前述的開悟與直觀，把這些因素同時放在一個生活的實踐上，尋求第一義的突破。這一來，禪宗也重視倫理，但不是為倫理而生活，而是實現倫理，成為倫理的主人。禪當然本於自然，但它的自然不只是無為而已，而是在無為之中，醒悟到人並非被造物，從而還得「本來面目」，發現自己的究竟，連自然也超越了。

一、倫理觀

許多人認為禪在於「蕩相遣執」，而倫理是一種心靈與行為的規範，它注定與禪家所謂的「無善無惡」和「無是無非」背道而馳。因此禪與儒家所謂的倫理大異其趣。事實不然，禪把倫理當做是一種見性的功夫，是達到明心見性的歷練過程。

對的，禪不要求一個人去為實踐某些道德格律而生活，卻是從直觀中去看人際之大倫。祛除種種邪惡與虛妄，使一個人從許多愚迷中解脫出來，獲得心靈的自由，還得清淨法身。

禪認為，如果為了善而行善，為了使行為合乎預定的準繩，自己就被「法縛」，失去本真。《六祖壇經》中說：

心是地，性是王，王居心地上，
性在王在，性去王無。
性在身心存，性去身心壞。

當一個人的本性顯現出來時，就無入而不自得，從心所欲不踰矩，所以禪的倫理觀是「從性中作」，不是「向身外求」。經上說：

自性迷即是眾生，自性覺即是佛；
慈悲即是觀音，喜捨名為勢至，

能淨即釋迦，平直即彌陀。

人是在清淨中顯現本性的至德，而種種德性是本自清淨、本無動搖、本自具足的。所以《六祖壇經》上說：

心平何勞持戒，行直何用參禪。
恩則親養父母，義則上下相憐。
讓則尊卑和睦，忍則眾惡無喧；
若能鑽木出火，淤泥定生紅蓮。

心行平直就是定慧等持，定慧等持悟從中生，於是所有的思想與行為，不需要倫理就已能符合倫理，不要任何修治就能符合綱常。

禪宗除了從定慧等持中明自性之至德外，亦重視懺悔。所謂懺是將過去所有過錯愚迷，悉皆懺盡，永不復起。所謂悔就是悔自己的後過，讓自己永斷愚迷、憍誑、嫉妒等罪，得以覺悟。這裡的懺悔很像儒家的反省功夫。

懺悔不同於心理分析所謂的淨洗（catharis），淨洗只是把情緒或情感加以淨化，而懺悔必須進一步化為行動，從實踐中獲得醒覺。當一個人能從過錯或不良適應中解脫出來時，他已經超越了原來精神生活的困境，走向實現的里程。

倫理固然源自清淨法身，但是倫理當然也是一個人銑鍊其真性的工具。因此禪並不排斥儒家的倫理，相反地予以接納。故云：

念佛往生難到。
若懷不善之心，
西方去此不遙。
使君心地但無不善，

倫理就人文心理學來看，是導引一個人走向自我實現的重要憑藉。倫理幫助我們「自我」（ego）功能的提升，它是唯一能拯救人類免於瘋狂的法器。禪就這一點來看，與現代的人文心理學有著相似的看法。

二、自然觀

中國的道家認為道就是自然，自然就是「無為無不為」。道為天地萬物並生的總原理，它的本質就是自然。析言之，道的作用並非有意志的，只是自然如此而已，用不著強加作為或造作而生勉強。故云：「道常無為而無不為」，而「道之尊，德之貴，夫莫之命而常自然」。

道家崇尚自然，因此認為「無為」才是精神生活的真理，老子說：

天地萬物生於有，有生於無。

……

三十輻共一轂，當其無，有車之用。
埏埴以為器，當其無，有器之用。
鑿戶牖以為室，當其無，有室之用。
故有之以利，無之以為用。

這種「自然」的理則，與禪宗所謂的「莫作意」、「無念」等等觀念是一致的。六祖慧能的弟子神會說：

僧家自然，眾生本性也。

……

又經云，眾生有自然智，無師智，謂之自然。

因此胡適先生（1891-1962）說：「中國古來的自然哲學，所謂道家，頗影響禪學的思想，南宗之禪，並禪亦不立，知解方面則說頓悟，實行方面則重自然。宗密所謂『無修之修』即是一種自然主義。」

禪當然與道家的自然有所不同，所不同的是「道立自然而不立因緣」，而禪本於自然則契乎因緣。由於它契乎因緣，所以不流於放任，而能悟入自性。慧能的學生智常在經過老師的提示之後，廓然大悟的說：

自性覺源體，隨照枉遷流，

不入祖師室，茫然趣兩頭。

禪非常重視自然的本性，但卻也重視「參請機緣」，以便體入大道。因此，禪是透過一種啟發、一種直觀、一種師生間的同契，而使一個人真正開悟。

當一個人悟入佛之知見後，一切變得自然了。他從塵勞中脫穎而出，以清新的品觸去生活，一切自然貼切，篤篤當當。這時感情與理智融合了，內在的本性與外在的情境也相應了，從而有了自在與無量的喜悅。那襟懷是無法言傳的，也許寒山子的詩，可以表達箇中一二吧：

去歲換愁年，春來物色鮮，
山花笑綠水，巖岫舞青煙；
蜂蝶自云樂，禽魚更可憐，
朋遊情未已，徹夜不能眠。

這種醒悟後的心靈，就像是從寒冬愁年中轉入萬物崢嶸的春天。它使人更能投入自然，更能任運逍遙了。

肆

禪在精神生活上的意義

禪的本質無非是要使人獲得心靈自由，從種種造作和心理防衛機制中解脫出來，去過有創造性和清心自在的生活。然而現代人似乎正處於被名利和物慾所矇蔽的不自在狀態；無盡的物質享受和引誘，迫使心靈變得貪婪，變得貧困，變得渾身不自在，變得感情與理性發生疏離，而使精神生活陷入困境。現代人精神上是赤貧的，貧窮到顯露出蒼白、浮躁、緊張和不安的神情。

禪能拯救現代人的精神生活嗎？答案是肯定的。因為現代人所缺乏的就是以直觀來看生活上的事事物物，以單純的態度來答覆生活的意義。由於我們太重視分析、系統和邏輯思考，太強調比較，以致造成生活和思想上的偏態。現在，我們需要禪的智慧和方法，發揮直覺、統整和非語文的思考功能，才能走向圓滿實現之路。

禪對現代人具有什麼意義呢？我相信，禪所提出的法門，正是現代人所急需的精神救助之道。禪能給予現代人最重要的啟示如次。

回歸到生活

生活的本質是實現，而不是佔有；它本身就是一種喜悅，無須向外追求快樂。當我們能珍惜生活中的點點滴涸，領會其獨一無二的意義，就能從中享受喜悅。無論你是在工作或者在休息，是在睡眠或者在飲食，一切都是完美的，都能帶來妙悅動人的體驗，都具有令人歡喜的光明面和價值。所以說一切是現成的，是可愛的，只要你能當下投入，抓住它，讓自己投入其中，就能流瀉出生活的妙悅之泉，流露在自己的情感和行動上。

反之，如果把生活的本質忽略，一心一意想追求更多的佔有和名器，就會疏忽平常生活所涵藏的意義和令人喜悅的清新感。由於現代人的價值觀念是「有」，而不是「是」，因此生活的本質已從「是什麼」，而扭曲為「有什麼」。由於不斷地渴望與追求，牽腸掛肚，放不下心，而惶惶不可終日，於是生活變得一點也不喜悅、不活潑、不具創造性。

禪並非告訴我們不要去工作，不能擁有生活的目標，而是告訴我們要以平常心去生活，去工作，去實現生命的光明面。把工作當做生活的一部分，讓目標符合自己的本質，篤實在生活的本身。對於現代人而言，禪學的最關鍵性啟示就是回歸生活；放棄對妄念的追逐，篤篤當當地去生活。同時對於順與逆、成與敗，抱著超然的態度，從中獲得愉快的情懷。宋代無門（1183-1260）和尚有詩云：

春有百花秋有月，
夏有涼風冬有雪；
若無閒事掛心頭，
便是人間好時節。

這是說，一個人當然要懂得欣賞春花秋月之美，但也不該忘掉在酷暑中品味涼風的清新和嚴冬裡霜雪的美景。

在日常生活中，如果對勝負與得失看得太重，生活就會失去樂趣。如果我們以平常心去看它，成敗似乎不能影響生活的自在情趣。

禪教我們先肯定生活。只有生活本身被肯定，心智才會冷靜，才會保持相當的醒覺。而肯定生活的方法就是平常心，亦即不要在生活上「頭上安頭」。唐朝景岑禪師答覆弟子問「如何是平常心」時說：

要眠即眠，
要坐即坐。

這位弟子不懂得老師的意思，於是說「我不懂」，景岑禪師又告訴他說：

熱即取涼，

寒即向火。

景岑禪師對「平常心是道」已解釋得非常清楚。事實上，平常心就是「累了應該休息，餓了應該吃飯」，而現代人則往往累了不知道要休息，餓了沒有好好的吃飯。平常生活所表現的食、衣、住、行本來應該是喜悅的事，但是往往因為心中另有所繫，以致不能享受它的情趣，而把一切變得勉強。當然，工作中也同樣有許多情趣，但又有多少人能在工作中體驗到那就是生命之美呢？

禪不是教我們逆來順受，而是要我們老老實實、篤篤當當地生活。這樣才能體驗到生之美和生之喜悅。這樣才能使自己不被名利物慾的境界牽著走。那樣才是自由，才具有創造性，才是生活之實現。

《金剛經》上說「應無所住而生其心」，無非是教人回歸到生活，生活上不要勉強和造作。那時所發出來的心智是真心，在真心觀照之下，一切都會感到親切自在。

空就是性靈的資糧

現代人每天生活在繁忙的資訊化杜會裡，從早到晚處在競爭、焦慮和資訊大海裡。生活被許多的物慾、成見和情緒性妄念所盤據，於是心理生活空間變得狹隘了，使人有透不過氣來的感覺。在這種情況下，煩悶和暴躁是通常的反應。因此，現代人很需要開闊的心理生活空間。青原行思（671-740）對道的解釋是：

長空不礙白雲飛。

很明顯地，人只有生活在「心量廣大」的活潑自性裡，才會有真正的自由。心是一個內在的宇宙。當我們把一切放下時，心量廣大了，就像宇宙一樣，什麼東西都可以無礙地包容，而不因分辨而產生喜怒，對善惡發生動心，對高下有了仰慕與嫌怨。當心理生活空間廣闊無垠時，我們就能從許多成見和現有的知見中解脫出來，把它轉為智慧，而成為大用。現代心理學討論創造性，也認為創造是在神清氣爽、放下原有的成見時，靈感才浮現在眼前。唐朝崇慧（?-779）禪師說：

萬古長空，
一朝風月。

一個人能在內在宇宙裡，有著無垠的時空，自然就能顯現那一朝風月的萬物崢嶸。空與萬有事實上是相即契的、相互依存的。執著在空猶如執著在有一樣，使性靈的生機窒息。有一次一位學生問崇慧禪師說：

「什麼是大通智勝佛？」

崇慧禪師說：

「曠劫以來未曾壅滯，不是大通智勝佛是什麼？」

崇慧的答覆就像詩一般，把佛法的妙意說得淋漓盡致。一個從未被成見壓抑的人，當然是一位大通智勝的覺者，能即契一切，而不擁有一切，這種胸襟氣度，絕非現代人處處在意、時時掛心、壅滯了本性的慧根所能跟他比擬的。

空並不是百物不思形同枯木的心智，而是活絡自由，使自己本性中的創造力得以舒展，而實現圓滿的人生。因此空不是厭世，相反地，只有契會空性的人，才能真正的入世。禪宗三祖僧璨（510-606）大師說：

欲取一乘，
勿惡六塵；
六塵不惡，
還同正覺。

當我們能淨化心靈時，我們就能見性，所謂見性就是展現真如本真之性，去過實現性生活。故云：

莫逐「有」緣，勿住「空」忍；
一種平懷，泯然自盡。

當一個人能在空與有之間跳躍出來的話，才是真正體會到一切無礙，體會到「一雨普滋，千山秀色」的豐足感。

「空」這個法門不但能洗淨現代人心中的焦躁和煩惱，而且是回歸到創意生活的唯一途徑。

悟與煩惱的解脫

禪所指授的悟，對現代人的精神生活具有無上的價值。它對於內心充滿煩惱的人，具有良好的教育和治療作用。

一個人所以陷入悲觀、消極或怒不可遏的情緒，都是因為受到挫折和失敗所帶來的失望、怨恨與不甘損失的感受所矇蔽，失去控制，而淪為情緒的奴隸。悟是對治精神迷失最好的方法，是發現生活真相的途徑，勘破萬緣的利器。它使一個人看穿心靈世界的濃霧，從迷途中尋回自己的真我。所謂「悟無生忍」，就是從悟中解脫出來，獲得自由，獲得「無生」那種不勉強不執著的智慧，而使自己如如不動，任運自在，那就是覺者。慧能大師說：

不悟，即佛是眾生，
一念悟時，眾生是佛。
故知萬法盡在自心，
何不從自心中頓見真如本性。

當我們能發現眼前種種煩惱的真正意義時，我們往往就能接納了它，承擔了它，而且正因為我們能接納它和承擔了它，所以我們在剎那間不覺得有任何負擔，所以又是放下了。就心理生活而言，它存在著一個反向邏輯（paradox logics）：當我們愈想得到它時，我們就愈會失去它，愈懼怕它時，它愈會纏著你。而悟就是從發現意義中，接納煩惱，而使煩惱遠離，承擔一個苦悶，而使苦悶消失。其實，在修道的過程當中也是一樣，你愈想成道，竭盡所能去修行（起有為法），就會離道愈遠。反之，因悟而放下心來，道卻自自然然展現在眼前。經過一番悟的過程，才能實現所謂「踏破鐵鞋無覓處，得來全不費功夫」的喜悅。慧能大師說：

迷聞經累劫，
悟則剎那間。

在修行的過程當中，如果不懂得悟的實踐，縱然聽了全部經典和佛法，仍然無益於精神生活的提升，仍然陷在累劫之中。如果悟了，發現了，勘破了，那時事事物物等量齊觀，平等自在，一切變得妙悅動人。

我們面臨的心理困擾很多，特別是在資訊化社會裡，每天都要面臨許多紛擾，如果我們不能從其中悟出來，就會被苦悶所包圍。反之，如果我們能從中悟出來，就能有真知灼見，超越於成敗和順逆之外，得大自在智慧。

不能沒有生活紀律

現代人太講究追逐物慾、名相和權勢的自由，卻很少講求心理上不受物慾束縛的自由。因此，愈是向外追求自由，內在性靈愈是失去自由。

人們不斷地縱慾，而慾望無有止境，以致疲於應付。這就是導致不斷競爭、不斷引起「對立心態」的緣故。由於人與人之間是對立的，所以彼此都感到不安。人與自然是對立的，所以無法體驗「參天地化育」的一體感。人變得愈來愈不安，愈來愈脆弱。那是因為我們沒有好好砥礪我們的心智所致。

禪教誡我們，必須重視紀律。因為生活紀律是砥礪我們轉弱為強和心智成長的最佳處方。如果我們不為自己的生活定下紀律，嚴加遵守，就沒有「有所為有所不為」的原則。這時我們即刻失去「定與靜」，當然也跟著失去了「安、慮和得的智慧」。

一個人是否堅強，是否無畏艱難，那就看自己有否遵照生活的紀律去做。履行生活紀律的人，總是能夠自我控制。沒有生活紀律的人，總是為所欲為，陷自己於靡亂。佛性與煩惱是並存的，沒有紀律煩惱不去，佛性當然不得彰顯。理性、情性和慾性是同時存在的，沒有紀律，理性和情性，都會變成慾性的從屬。

從心理學的觀點來看，生活的紀律是一個人賴以自我實現的憑藉。紀律給人一種價值和實現時的滿足感，更能銑鍊一個人的意志，發揮積極的人性面。

紀律使一個人走向正道，就像初種樹苗，必須配上木栓才能使其平直生長。慧能大師說：

欲得見真道，行正即是道；
自若無道心，闇行不見道。

紀律就是「正」，就是倫理，就是一個轉暗為明的生活戒律，適足以提升精神生活之道。固然慧能曾說過「心平何勞持戒，行直何用參禪」，但是當我們尚未心平行直之前，戒是幫助我們免墮惡道的法門，是銑鍊心智的助道過程。

人由於價值觀念的分歧，各種物慾的橫流，如果自己不遵守最起碼的生活紀律，就很容易墮落，很容易在墮入花天酒地或權勢的爭奪之中而無以自拔，落得身心困窮疲乏，而豐足自在的本性，也會被猙獰蒼白的慾魔所矇蔽。經上說：

若人能持淨戒，
是則能有善法；
若無淨戒，
諸善功德皆不得生。

生活的紀律不但使人從種種煩惱中解脫出來；更能砥礪一個人的精神，使性靈大放光明，走向積極實現的人生。

禪提供了合理的生命定位

信仰是人類心理生活的需求之一，也是人性的一部分。無論是進步的現代社會，或是閉塞的原始部落，沒有不表現出信仰的活動。沒有信仰，心理需要得不到滿足，而且會導致精神生活的空虛，或者失掉生活的引航。事實上，信仰是一種對精神生活定位的需求，沒有信仰，精神上終究要面臨著茫然若失的困境，它比錯誤的信仰，造成的傷害更大。

信仰有正信和迷信之別。所謂迷信是指執著人格化的神祇裡，讓自己屈膝於神的權威，向祂討好、乞憐，並使自己投入祂的權威，成為祂的一部分，甘願受祂的牽引，甚至甘願成為祂的奴僕，這是許多人所遭遇到的精神困惑。正信則不然，正信並不排除宇宙萬有的神性與存在，但正信所給予人類精神生活的啟迪和基本認識是醒覺。把自己從許多愚迷中解脫出來，讓自己真正的自由，不受種種現象界、慾望和虛妄所矇蔽，而如如實實地生活。這種如如自在的生活是不受支配的，所以能超越種種迷惑，解脫一切牽引，而悟入永恆。禪就是教誡人們走向正信的法門。

人的精神生活，不只生活在目前的現象界，同時也生活在永恆的虛空界。現象界攀援在物質、形象、慾望、情感、理性之中；虛空界則要從前者釋放出來，悟入如如實性。這個如如實性本自具足，無須加一分，也無須減一分，它是完美而永恆的。

當我們能有了正信，而投入宇宙萬有時，我們就能肯定自己，產生自在感。因為精神生活是無執著的，所以超越了三界（色界、欲界、無色界），而真正體悟真常，優入永恆的精神世界裡，而不再墮入生滅與輪迴的果報循環。起正信的人，實踐禪的教誡，悟無生忍時，他既是生活在現在，又是生活在永恆，既不是為了現在，也不是為了永恆，所以是「一切自如如」的。這一來，當下就是淨土，當下充滿法喜，並在精神世界裡永得光明。這時現在與未來是不分辨的，今世與來世契合在當下的了悟而超越，卻又能落落實實地生活在當下。

禪給我們一個宇宙觀，也給我們精神生活定位。它告訴我們：只有透過醒覺，才能超越一切困境，走向自由永恆的精神世界。但是，醒覺是在平常生活中試鍊出來的，因此精神生活的圓滿是在生活中實現，而不是離群獨居、逃避遁世所能求得。《六祖壇經》上說：

> 迷人念佛求生於彼，
> 悟人自淨其心。
> 所以佛言：隨其心淨即佛土淨。

當一個人能在生活中自淨其心，從種種境界中醒覺過來，就是生活在永恆的佛土世界。

禪引導現代人過實現的人生

我們生活在一個感性文化裡頭。一切以感性為價值判斷的依據，因此陷入佔有、名器和競爭的心理情境。起心動念、執著攀援，把自己關鎖在無盡的塵勞。爭名奪利是現代人的普遍現象，強烈的競爭和勾心鬥角是生活的本質。人終究迷失在物與慾的執著，情與理的對立，精神生活因而遭到破壞。

大部分人生活是疏離的，所以人與人之間的友愛已鮮少受到重視，親子之間墮入利害的關係，連自己的情感和理智也因為利害關係而分家。因此，就精神生活與心理健康而言，人所面臨的挑戰與危機，遠甚於過去。不良適應的人愈來愈多，精神生活需要幫助的人也有加無已。禪是唯一能引發我們走向自由、解脫種種苦悶、使自己能過實現型生活的明燈。

禪確能提供精神生活的資糧，因為它與現代社會並不相衝突。誠如心理分析學家弗洛姆所說：「人們正經歷著西方（感性）文化的危機，它就是不安、倦怠和時代病，它是焦慮、躁鬱和絕望……禪能為生存問題尋求答案——覺悟者。這個答案與現代最珍貴的成就不相衝突。因為它不違背理性、真實和獨立。」

現代人畢竟是現代人，必須依現代人的根性來「悟道」。禪最具有恆順眾生的機緣，它能引導我們走向實現的人生，並活在當下即是淨土的篤實生活裡。

禪不但是現代人解脫苦悶的良方，同時也是拯救我們免於瘋狂和迷失的方劑。禪不但能提升現代人的精神生活，而且能引發我們發現自由，走向自我實現，去過實現的人生。

伍

禪悟、自由與實現的人生

禪對現代人而言，不但具有精神省發的價值，而且是淨化心胸、滌盪緊張焦慮的法門。它不但能開闊心理生活的空間，而且是一口性靈生活的清泉。能接受禪的洗滌，就能滋潤活潑的本性，胸襟自然爽朗，恬淡適愜，感情也就純厚樸素，能帶來清心和喜悅。喜悅正是我們最欠缺的素養。

現代人知道有狂歡，但不知道有純樸的愉悅；知道紙醉金迷，但不懂得恬靜之福，禪最能給予我們一些省發，最能彌補現代感性文明的缺陷，指引我們走入寧靜和喜悅的生活。

禪引發內在真我的醒覺

禪無非是為了引發一個人內在真我的醒覺，使自己的生活回復自然的韻律，提升自己的性靈，使自己更自由，更能不役於物，更能免受種種境界的遷流。這樣就是從不自由中解脫出來，從物慾中解脫出來，從許多情結、偏見、成見和可執著的知識或思想中解脫出來。唐朝溈山靈祐（771-853）禪師說：

以思無思之妙，返思靈燄之無窮；
思盡還源，性相常住；
事理不二，真佛如如。

當一個人能解脫種種覊絆，遠離一切執著與境界時，就能靈光獨耀，迥脫根塵，事理無二，而使生活貼切落實，成為真正自在的覺者。他具有創發性和自在感，能實現其潛能，能承擔其生命的責任。他有一個實現的人生。

人唯有能涉獵於禪的自然與活潑，生活才不致物化，才能顯現真正可貴的喜悅，身心才會康泰。有一次台灣大學校長孫震問醫學院附設醫院院長林國信，為什麼醫學院許多教授能長保青春，他說那可能是因為懂得保持童心。我相信林院長所指的童心，就是自然活潑、恬淡自在的本性。它能帶給我們無盡的喜悅，品觸到生活的實在和甜美，也許這就是仰山慧寂（807-883）禪師所謂的：

凡聖情盡，
體露真常。

當一個人沒有什麼奢求，落落實實去實現生活時，就能寬懷自在，沒有東挑西揀的執著和猶疑，就能實現內在的潛能，使生活變得活潑有力。

生活的道理不在於逃避或放棄，而在於努力實踐。若有所成，不據為貪執，那就能夠外物。能外物所以是無心之心，那就是能主宰自己，就是理事圓融。宋代大文豪蘇軾（1037-1101）說：

事理既融，
斷滅亦空，
佛自現前，
如日之中。

當一個人能在事與理之中獲得圓融時，有情的生活和正覺的精神便融合為一，這時出家與在家就沒有不同，世間法與出世間法就無二了。

這裡我必須再說明的是體悟真常和事理圓融的心境。從心理學的觀點看，這種情況就是自覺（awarness）和自我實現（self-filfullment），無疑地它就是心理學大師羅吉斯（Carl Rogers, 1902-1987）所謂的精神生活實現時，所散發出來的高峯經驗（peak-experience）。它絕非向外追尋得來的，而是一種「自我實現」。這種實現絕非成就所獲得，而是一種實現的滿足。它沒有職業的分別，沒有財富多寡的限制，而是一個人對生活與工作的省悟與實踐，並發現它的意義與價值。因此，每一個人只要能夠發現內在的真我，在工作與生活中實現，都能獲得這種喜悅與自覺。

醒覺與實現是絕對的主觀，它不是相對客體的比較，更不可能是客觀傳遞的知解思維。換句話說，你實現的體驗與喜悅，不可能變成別人的體驗。當然別人的體驗，也不可能直滲到你的心底。因為你畢竟還是你自己，刖人也畢竟是別人，它不能以文字來傳達。這誠如寒山子的詩所說：

吾心似秋月，
碧潭清皎潔，
無物堪比倫，
叫我如何說。

所有關於禪的文字，都無法道盡那實現與喜悅的本身。因為它是主觀的，是不能抄襲的，當然那也是別人不可能給你現成的答案。禪的種種文字，充其量只在於告訴你禪的過程和方法，而實現、悟和喜悅都是你自己要去發現的。

宋朝無門和尚綜合了禪宗史上最精闢的傳承公案，得到一個結論——無門。所謂無門正是因為它沒有現成可資傳遞的答案，答案似乎就在你自己的本性上。為了說明禪的過程與本質，為了啟發後來的學習者，他經過很長的教學經驗，選出禪宗典籍中最具醒發性的公案四十八則，每則加以評唱，供後人揣摩。不過那些評唱的公案，仍然還不是實現與喜悅的本身，欲入禪要仍然無門。他說：

大道無門，
千差有路；
透得此關，
乾坤獨步。

無門和尚所言者，就是《楞伽經》所謂的無門為法門。也就是說，生活的實現是千差萬別的，每一個人根據自己的因緣去實現，自悟自度，條條道路都可以成佛，切莫東施效顰，六神無主，走失了自己。

多年前我曾應邀參加在高雄佛光山召開的「世界顯密佛學會議」，開幕式就在大雄寶殿舉行，儀式甫經完畢，與會學者大德們即沿著迴廊走回會場。散步之間，有一位大德說，為什麼在大雄寶殿前院正方置一道牆，而由右側闢徑拾級而上。當時有一位與會的教授說：

「你一定聽說過『從門入者不是家珍，從緣得者始終成壞』，要想登入大雄寶殿的堂奧，是沒有現成的門可循，這條便道只是方便權宜的指引，如果你想自見本性，去過實現的生活，必須由你自己發現並踏入那不能以色相見到的正門。」

這位教授所說的「從門入者不是家珍」，即指無門之門。談到這裡，我們就不得不說說和這句話有關的一則發人深省的公案。唐朝高僧巖頭（828-887）和雪峯（822-908）都是德山宣鑑（782-865）的弟子，有一次他們兩人一起旅行，當他們走到湖南鼇山時，碰到下大雪而停下來歇息。巖頭整天閒著睡覺，雪峯總是在坐禪。有一次雪峯把巖頭喚醒，叫道：

「師兄，快起來！」

巖頭問：

「起來幹什麼？」

雪峯喃喃自語說：

「真倒楣，與這傢伙一起行腳，被他拖累，我們從到了這裡，他就一直只管睡。」

巖頭喝道：

「閉你的嘴，去睡你的覺吧！你每天盤腿坐在床上，就像村子裡的土地公，以後你將會誤盡那些善男信女。」

雪峯指著自己的胸口說：

「我這裡還不夠穩定，怎麼敢自欺欺人呢？」

巖頭奇怪地說：

「我本以為你將來要到孤峯上去建道場，宣揚大教，卻想不到你說出這種話來。」

雪峯回答說：

「實在是因為我心有未安啊！」

巖頭說：

「真是如此的話，那麼你把所見的，一一告訴我，對的我為你印證，不對的我替你破除。」

於是雪峯一五一十的告訴巖頭：他如何在鹽官禪師（?-842）那裡得到入門，如何在讀了洞山良价（807-869）悟道偈後有所感觸，以及問德山最上宗乘之事時，被德山打了一棒說：「你談了些什麼呀？」使他感到非常困惑，茫然無著。巖頭聽了雪峯的話便說道：

「你沒有聽過嗎？從門入者不是家珍。」

雪峯便問：

「那我以後怎麼辦呢？」

巖頭回答說：

「假如你要宣揚大教，必須一切言行都從自己胸襟中流露出來，頂天立地而行。」

聽了巖頭的這段話，雪峯才徹悟，於是向巖頭行禮，大叫說：

「師兄啊！今天在鼇山我才真正的成道呢！」

這則故事清楚生動地說明了「無門」的道理，無門就是內在真我的流露，是自由潔淨一塵不染的實現歷程。這裡也許你會懷疑，在上述的故事裡，洞山的偈子是什麼？最上乘又是什麼？為什麼他的老師德山要打了他一棒？現在我們先說說洞山悟道偈是什麼。

實現真我，處處自在

洞山良价拜過南泉普願（748-834）和溈山靈祐為師，但真正的徹悟，是在與雲巖曇晟（742-841）的一段因緣上。有一天雲巖和洞山討論佛法，說到什麼叫無情說法這問題上，雲巖告訴他說：

「《彌陀經》中不是說：水、鳥、樹、林，悉皆念佛念法嗎？」（按：《彌陀經》中說，西方極樂淨土，觸目遇緣，水、鳥、風、樹，都能引發你念佛、念法、念僧。往生淨土世界，必能成就正等正覺，實現內在的真我。）洞山聽完了這段話，心有所悟。因為當下生活的種種色相，若能在所見所聞中，轉識成智，不就是當下淨土嗎？於是他很高興地說：

也大奇！也大奇，
無情說法不思議，

若將耳聽終難會，
眼處聞聲方得知。

後來洞山離開前問雲巖，和尚百年之後若有人問道有關於你時，應該怎麼說。雲巖說，只要跟他說「只這個是」，洞山對老師的「只這個是」實在無從知悉。後來因為渡河，在渡船裡看到自己的倒影，才猛然徹悟，而把徹悟的經驗寫成了一首偈子：

切忌從他覓，迢迢與我疏；
我今獨自往，處處得逢渠；
渠今正是我，我今不是渠；
應須恁麼會，方得契如如。

很明顯的，洞山所發現的就是真我，沒有人告訴他方法，也無須去追尋，只要能實現真我（獨自往），就可以處處自在（逢渠）。

從雪峯和洞山的悟道歷程中，我們不難發現，那種心理歷程是「自我」的發現，是種種情緒、情結和成見的解脫，能使自己塵盡光生，淨潔無染。這種實現是當下即是的，是無可言傳與模仿的，它必須是透過無門這一關才能辨得到。

無門不是沒有門，而是根本就沒有牆沒有門，隨時隨地都能悟入那堂奧的。它可以隨機契入，「日照光明至，風來波浪起」，那麼自然，那麼貼切。

現在，我要嘗試把無門的真我之實現加以闡述，以配合現代人習慣於系統分析的根性。也正因為加以分析，更能有助於通往無門之門的歷程。這個分析不是在說明法體，而是在說明自見本性的起碼歷程。換言之，這裡所要嘗試說明的是如何接觸到「實現」的一些途徑。有了這些途徑，就能充滿法喜，增長智慧。我深信現代人若能將禪的體悟方法，配合淨土的信願與行持，事理自然無礙，當下淨土與往生淨土，必然現前。也正因為如此，禪與淨也就可以雙修無礙。

談到禪與淨的融合，永明延壽（904-975）禪師是最熱心於把兩者結合在一起，這個結合使淨土變得更活潑、更有活力。宋朝蘇東坡對禪是很熟稔的，他的許多禪詩和偈頌，到了明朝徐長孺把它整理成為《東坡喜禪集》。在這本書裡充分看出他原先學禪，最後卻入於淨土，而把禪的智慧帶入淨土修行，他在〈阿彌陀佛頌〉中說：

佛以大圓覺，充滿河沙界，
我以顛倒想，出沒生死中。
云何以一念，得往生淨土，
我造無始業，本從一念生，
既從一念生，還從一念滅，
生滅滅盡處，則我與佛同。

我們似乎都很熟悉蘇東坡的文采和他的風流倜儻，而很少人知悉他那份灑脫自在的性靈生活。他很能隨遇而安，很能適應顛沛不得志的種種打擊，甚至可以說他很能保持喜悅開懷的心情，就如同他在讚美布袋和尚一樣那麼達觀，他說：

柱杖指天，布袋著地，
掉卻數珠，好一覺睡。

後來他被貶到海南島，南行時帶一軸彌陀佛像說：「此軾生西方公據也。」

阿彌陀佛的畫像，是一篇象徵式的語言，他所告訴我們的就是一念，這一念使無門之門有了著落。這禪與淨的結合，所發生的精神與智慧，顯露出佛門龍虎之相。它使本來過於呆板的淨土宗，變得活潑有力，也使禪宗的無門般若，有個最後的依歸。

接著我們要來看看這無門究竟是什麼，我們如果從哲學的觀點來理解，就必須以現象界的描摹來著手。而唯一可資著手的就是禪宗的經典和公案，因為它是心悟歷程的紀錄。如果加以整理，總可以獲得一些可尋的蹤跡，只要學者能循此蹤跡和歷程，日子久了也就能發現其中的宗趣。從而反照自己，有所發現，去體驗「只這個是」，去過實現的、喜悅的、開懷的生活。

禪能給予現代人的啟示有五方面：(1)直觀智慧的契入；(2)清淨中獲得自由與醒覺；(3)從悟中解脫；(4)超越與統整；和(5)無住的生活藝術。每一種層面都是實現性的，因為沒有實現就沒有體驗，而每一個人的實現又是千差萬別的，所以必須依照自己的根性因緣去實現。以下各章將分別詳述如何獲致實現的人生。

陸

直觀的智慧與自在

我們待人接物的態度，有兩種不同的心向：其一是理智的思維，它是分辨的、觀念的、系統的、邏輯的、推理的。其二是直觀的智慧，它是統整的、圓滿的、當下的、主客一體的。兩者對人類生活一樣重要，理智的思維構成了生活的現象，直觀的智慧導致精神生活的實現。由於現象是對立的、比較的、分辨的，所以所思維的對象是部分的。部分不能代表完整，所以它的結果是悲劇性的。另一方面直觀所涉獵的是當下的把握與完整的投入，所以它是圓融的、是喜悅的。在這一章裡，我們要討論知性思維在精神生活上的困境，同時說明直觀的智慧足以彌補現代人精神生活的不足。

分別的悲劇性和直觀的圓融性

理智的思考必須建立在分別識上。這正如心理學家布魯納（Jerome Bruner, 1915-）所謂一切思維起於分辨，由分辨而歸納，由歸納形成觀念，進而構成有系統的思考。布魯納就思考來研究思考，所以只能說明思考的特質，但思考充其量只能處理生活中一部分的事，而另一部分不屬於分辨範圍的般若直觀則被忽略。思考既然是分辨的，所以歸納所得的結論，是部分而不是整體。由於生活並不是「部分」的法則能完全處理，因此這分辨式的思考，就不免有了缺陷。由於分辨的思考，使自己從萬物中孤立出來，以客觀、孤立和對立的態度來對待一切客體，以致使自己誤認為自己是主宰，而把生活中的客體，如環境、人物等等，都看成了可以宰割和予取予求的對象。這一來更使人生活在對立與敵視的心態之中，它使我們陷於痛苦、孤立、不安和無盡的防衛與掙扎。正因如此，成天忙碌於分辨與思考的現代人，就亟需這份直觀而投入的生活智慧。

生活本來是一種投入，主客兩者雖然存在，但兩者並非對立，即使是客體所包涵的許多事物有著種種差異，但也必然是互補共生的。當一個人有了這樣的生活態度，心靈開始平靜下來，沉默下來，而且是喜悅自得的。當你把萬緣放下，走到青翠而春陽普照的山坡上，你在那兒靜聽鳥兒呼晴、山花放笑的時候，你會突然間投入那完整的生活體驗。這就像是法眼文益（885-958）的詩：

幽鳥語如篁，柳搖金線長，
雲歸山谷靜，風送杏花香，
永日蕭然坐，澄心萬慮忘，

欲言言不及，林下好商量。

確實如此，當你投入當下時，無論你是在工作或在休閒，乃至行住坐臥的平常事，都能體會箇中的單純與妙趣。那是語言說不出來的，藥山惟儼（751-834）和石頭希遷（700-790）之間的一段故事，對於這種無思的直觀智慧，有著很好的省發。

有一天藥山在靜坐，他的老師石頭看到了就問他：

「你在做什麼？」

藥山回答說：

「什麼都沒有做。」

石頭說：

「那麼你就是在閒坐囉！」

藥山說：

「若閒坐就有所作為了。」

石頭說：

「你說不作為，請問你不為個什麼？」

藥山說：

「你就是把聖人找來也說不出。」

於是石頭做了一首詩讚美藥山，表示對他的肯定，這首詩是這樣的：

從來共住不知名，
任運相將只麼行，
自古上賢猶不識，
造次凡流豈敢明。

在這樣的對話中，我們發現生活是無以名狀的。若可名狀，即刻墮入分辨的陷阱。分別識的結果是注定要痛苦的。比如說某乙見到某甲，某甲是極負盛名的人，某乙因先存敬畏，於是言行開始拘謹，談話緊張。那是因為分別識告訴他別人高高在上，自己則在相形之下，變得卑微低賤。其實乙和甲是平等的，別人和自己只不過是職位和工作性質的不同，生活的本質並無兩樣，乙所以產生怯弱，是因為自己有了分辨。就生活而言，富貴的生活未必比清寒的生活喜悅自在。當然，一個窮人也未必就能達觀快樂。心理生活的提升不是從追求物質和表象的知性活動中能獲得，而是用直觀的般若。當我們用分別識來處理生活時，我們的感情和理性就會處於割裂狀態，就會處處感到不安。如果我們能以直觀而當下把握，我們就能做到石頭詩中所謂「共住」與「任運」的道理。

分辨是科學知識的來源，是思想和邏輯的基本要素，它是處理日常生活的有效工具。但是知性的思想只能處理表象，不能處理生活的本體；只能處理事物，不能處理性靈的生活。由於分辨是沒有止境的，是把自己分割開來與周遭的人物對立的，所以永遠是有缺陷的、不能知足和不圓滿的。無止境的爭奪和慾望是陷入不安和痛苦的根本因素，越是貪多務得，越是陷入苦鬥；越是講求效率，越會帶來緊張，我想這就是鈴木大拙所謂「分辨的悲劇後果」。

般若直觀與知性分辨

分辨和理智思維是人類用以改善物質生活的工具，但是物質生活的提高，如果不配合直觀的體悟，整體生活便無法圓滿喜悅。如今我們正處於以理智思維為主的觀念世界裡，以致我們偏廢了直觀的世界，而造成今日精神生活上的困頓與不安，鈴木大拙在所著《禪的研究》一書中說：

「分別原理和概念化原理，是日常生活最有效的工具。正因如此，我們往往把它認做是最根本的方法，而忘記另外一個範疇。這範疇比智性更為深沉，它是直觀的般若。般若是圓滿自足的。」

沒有般若就不能圓滿知足，就不可能喜悅自在。我們不難發現，許多人在他還只夠餬口時，他是快樂的。但當他有了相當積蓄時，開始感到不安，感受到它的壓力。他想要投資、轉投資或置產；他擔心貨幣貶值，擔心投資的風險，甚至想要移民到一個更繁華安定的國家。分辨的態度使一個人落入痛苦與煩惱的漩渦之中，那就是分辨的悲劇性。

分辨的思維必須配合直觀的般若，才能發揮正確的功能。也唯有在直觀的配合下，才有創造和正確的發現。創造的靈感並非來自分辨的思考，而是來自直觀。心理學對創造心智活動所做的研究，已發現絕大部分的靈感是來自直觀，而知性思維只是用來分析與證驗直觀所發現的理念。

分辨的主要任務是要把事物納入一個計量的標準化下，予以比較和歸納。它把我們限制在一個固定範圍之內，無法突破，以致無法面對一個廣濶無垠的空間，而失去創造的靈感。反之般若是沒有範疇的，是沒有限定的，是深層的，是分析思考所不能代替的直接投入。它是當下的一念，是寬懷與包容，所以當我們在直觀的剎那，會突然間閃耀著靈感，會感受到前所未有的喜悅。

直觀把我們帶入兒童時代的天真無邪，也把我們帶入好奇和喜悅。直觀是在徹底地放下理性思考時，才會顯現出來。南北朝傅大士（497-569）曾寫過一首詩說：

空手把鋤頭，
步行騎水牛，
人從橋上過，
橋流水不流。

這首詩告訴我們的就是放下相對的分辨，放下「空手」與「把鋤頭」之間的差異、「步行」和「騎水牛」之間的不同。對所有現象界的東西，當你發現混沌共存時，有與沒有只是一體的兩面，得與失之間是互見的，失之於此必得之於彼，失之東隅收之桑榆，所以反過來說「橋流而水不流」就直觀的取向去看，又有何差別呢？我們的心靈正因為打破了既有的限定和分辨，才有嶄新的發現和體悟，那就是般若智。

我們必須注意，心理上的反應過程是先有了善才會相對的產生對惡的憎恨。正因為我們好善惡惡，所以我們才失去了包容和溝通的智慧。這時我們可能即刻興起了一場毆鬥和殘酷的暴力。同樣的道理，我們可能為了利益、面子、宗教信仰、種族或宗族的分辨，而陷入了災難。所以佛法揭示，唯有從不起分辨的直觀，才能真正引發人類最高妙的完美本性。

佛法揭示直觀並非意味著反對分辨，而是要把分辨的智性思考，放到完整而圓融的直觀智慧上，讓它成為圓滿的生活。華嚴經教中所謂「理無礙」和「事無礙」，都屬於分辨所產生的相對。事法界是千差萬別的，理法界就事法界而言，也是相互對立分辨的，這兩者都不屬於圓融。唯有透過理事無礙的過程，才把對立消弭，化為直觀般若，產生事事無礙法界。但是沒有透過前面的理無礙和事無礙，卻無法達到理事無礙和事事無礙。

華嚴經教的堂奧就在於理事一體和事事圓融上。事實上這個圓融之道，便是《金剛經》所謂「應無所住而生其心」。

分辨、心理防衛和直觀的自在感

人的心理生活受人際關係的影響殊大，我們的意識、情感、情緒都受人際關係的激盪與左右。如果一個人採取和諧一體的態度，能了解別人，接納別人，體諒別人，那麼，他的人際關係就會和諧，從而有了安全感，這可以說是一種直觀的人際關係。反之，如果採取尖銳的分別態度，自己便與別人有了敵對的感覺，時時提防別人，或者對別人予取予求，這時心理是不安的、是防衛的或攻擊的，這可以稱為對立或分辨的人際關係。

心理學認為這種對立或分辨的關係源自於人的基本焦慮。這種焦慮是失去安全感所致。其實，不安與分辨是互為因果的兩個動態性因素。失去安全感必然激起分辨、對立、競爭與暴力的意識。分辨的結果必然引發情感上或情緒上的不安。

對立與不安，使一個人被迫脫離內在的真我，從而建立「虛妄的理想我」。這個虛我將引導一個人在三種操縱策略中選擇一種——敵對、附和和冷漠。敵對令人走向統治、奪取、暴力和宰割；附和令人走向仁愛、和平、鄉愿和屈服；冷漠令人走向清高、無爭、墮落和自暴自棄。一個分辨態度很強的人，內心一定存著強烈的焦慮，那是一種追求優越感和榮耀所引發的焦慮，由於這些貪慾與追求，而使他更顯得不安。

許多人往往為了追求某些成功的榮耀，寧願犧牲自己的健康和幸福。這種追求貪慾的動機，非但不能引導他實現自己的潛能，反而障礙了潛能的實現。在學校裡有些學生，為了保持獨占鰲頭的榮耀，不惜犧牲自己的健康。當然社會上也有許多成人為了自己的事業，或者與人互別苗頭，而不惜犧牲幸福和生命。

分辨使我們產生一種不平之氣，許多人便為了這一口嚥不下去的氣而喪心病狂，拊膺切齒。當然也有人為了爭一口氣而爭鬥不息。分辨的態度使人喪失生活的智慧，因為分辨的結果，總是把人帶到取與捨之間的執著或矛盾。清聳禪師有一偈說：

摩訶般若，非取非捨，
若人不會，風寒雪下。

這個偈子告訴我們，真正的大智慧（摩訶般若）是不取不捨，不採取分辨的生活態度。如果一個人不懂得用這種態度去處理人生，那麼不管他是富是貧，是強是弱，是男是女，每天總是生活在淒風冷雨、寒若霜雪的心境裡。

人若能以平常心去看世事，那麼生活就變得容易，變得自在，變得達觀。否則總是日日煎熬，苦悶異常。唐朝太守李翺非常嚮往藥山禪師，幾次迎請供養，藥山都沒有去。於是親自入山拜訪，見面時藥山正專心地在讀經。李翺等得不耐煩了，便說：

「見面不如聞名。」

於是藥山抬起頭來便直呼其名，李翺隨之應聲。藥山說：

「為什麼要貴耳賤目，強作分辨呢？」

李翺被他這一說，頗有醒悟，便問道：

「什麼是道？」

藥山以手指上指下，反問李翺說：

「你懂了嗎？」李翺答說「不懂」，於是藥山說：

「雲在天，水在瓶。」這時李翺便開悟了。於是作了一首偈子說：

練得身形是鶴形，
千株松下兩函經，
我來問道無餘說，

雲在青天水在瓶。

李翱所領會到的就是放下分辨之心。道的本意就是直觀，就是超越對立的意識。這種直觀的智慧並不是語言所能說的，即使說了也不是聽者那種思辨的觀念所能掌握，唯有請你當下直觀「雲在天邊水在瓶」的直接契入，才能發現那完美的生活與喜悅自在。

現代人的生活態度是分辨的，也是悲觀的。試想我們一早起來就想著利害的趨避，這一來人與我的相對關係怎麼會喜悅自在呢？就以交通而言，無論是自己開車或坐公共汽車，行動起來總是在擁擠中帶著對立，因此趕車和爭取時間是一連串的分辨與敵對。其他衣、食、住等方面，也無不生活在分辨的心理世界裡頭。我們不但希望有美好的服飾，還需要有足夠寬敞的住宅與空間，當然更需要有好的口福。由於一天到晚都要跟別人比較，貪圖著「好」的享受，所以每天都要防衛不稱心事情的出現，而墮入了所謂生活的掙扎與痛苦。有時會為了這些悲劇性的分辨而弄得坐立不安，睡不安眠，食不知味，有一次有源律師問大珠慧海禪師說：

「和尚修道用功否？」

大珠說：

「用功。」

有源說：

「如何用功？」

大珠說：

「饑來吃飯，睏來即眠。」

有源說：

「大家都知道吃飯和睡覺，跟你所謂的用功有何不同？」

大珠說：

「不同，因為他吃飯時不肯吃飯，卻百種需索，睡眠時不肯睡，卻千般計較，所以不同。」

一個人一旦走向分辨，處處都想防衛自己免於受苦，所以就會有百種需索，千般計較。在這種情況下，再也看不到晴空不礙白雲飛的喜悅。

防衛的心態使一個人變得喜愛文飾，所以失去無邪的天真。喜愛找藉口，所以看不到事情的對錯。慣於把過錯和缺失諉過給別人，所以接觸不到真相。言不由衷或心口不一，所以很容易背叛真我。

有一次有位僧人問大珠禪師，大意是說分辨是否能通達道理？觸境生心的人是否有定？懷物傲人是否就是真我？思維論證是否有益於道？大珠回答說：

嗜欲之深者機淺，
是非交爭者未通，
觸境生心者少定，
寂寞忘機者慧沉，
傲物高心者我壯，
執空執有者皆愚，
尋文取證者益滯，
苦行求佛者俱迷，
離心求佛者外道，
執心是佛者為魔。

聽完了大珠一番話，這位僧人就說，照你的意思，人生畢竟是一無所有。大珠知道他還沒有領會箇中的真趣，所以又總結地告訴他說：

畢竟是大德，
不是畢竟無所有。

這段結論才把這位和尚點醒了；人只有活在真我裡，才是醒覺，才能發揮自己的本真，自在喜悅地生活。如果陷入分辨，自己就要被外物所迷，而生活在相對性的假象迷宮之中，無法自拔。

就心理學的觀點來看，當一個人因為分辨而產生孤立、敵對與焦慮時，他需要設法提高自己，以便超越別人。但這種超越別人的特殊需要，則使他完全受制於環境，因為他開始脫離自我。這時不但真我（自我）無法順利的發展，而且因為他需要發展人為的或戰略的方法以對付別人，而使他放棄了真實的情感、願望及思想。他為了達成心中尋求安全的動機，便無所不用其極了。一個敵對不安的人，必然脫離真我，脫離對事實「如是」把握，無法作周延的處理。他開始自我理想化地尋找所謂完美、雄心和勝利。但事實上這是一種心理補償，一種防衛，為了實現這些夢想，他可以不擇手段地殘酷待人，當然也可能戕害自己。

人唯有在人格統整及圓滿成熟時，才能把一切言行舉止都統合在真我之下，那才是真正的清醒。換句話說，一個清醒的人是不需要任何藉口，而以平直心去表達當下的種種情懷。這種真我的實現，是無須加添任何防衛性動機的，所以才稱之謂無為或無心。談到無心，唐朝石頭希遷有一位學生叫靈默（747-818），他悟道後住天台山白沙道場。有一天一位僧人問他：

「如何才能做到無心？」

靈默說：

「傾山覆海晏然靜，地動安眠豈採伊。」

這兩句話和孔子所謂「造次必於是，顛沛必於是」一樣，同時強調一個人的真心與至誠。後來靈默在答覆另一位問道者說：

千聖同源，
萬靈歸一。

這裡所謂的同源與歸一就是指無染無著的如來本真，也就是真我。倘使一個人失去真我，而經由防衛機制偽飾的假我來主導生活，就是虛妄，就是強作分別識。到頭來自己越覺得孤立，越想操縱，越感到不安，越向外攀援，這時也就離道越遠。追求快樂的生活即刻變得困頓不安。有一次有人問惟寬（748-817）禪師說：

「道在何處？」

惟寬說：

「只在目前。」

又問：

「我何以不見？」

惟寬說：

「因為你有『我』的執著，所以不能見道。」

又問：

「我有『我』的執著所以不見，不曉得和尚是否見道？」

惟寬說：

「有你有我，展轉不見。」

又問：

「無我無你是否可以見道？」

惟寬說：

「無你無我，阿誰求見？」

這段對話又告訴我們，不但分辨時會因為我執而失去生活的常道，而且在逃避的心態下，也會因為無我無別人，而墮入沒有生機和沒有活力的「無記空」裡。

心是生活的根本，心生分別，則一切不安與對立油然而生，生活就會失去正確的方向，失去悅樂的本質。反之，如果以直觀的智慧去看一切事物，一切都會變得妙悅灑脫。也就是說，當我們不因分辨而起貪婪與染著時，我們就能心安理得，愉快充實。

有一次，大珠的學生問他說：

「什麼叫做正？」

大珠說：

「心逐物為邪，物從心為正。」

當一個人放下分辨與防衛機制時，真我逐漸發揮功能。人格就漸漸地統合而得到健全的發展，那時「我」就能轉境，物成為生活的客體，我是生活的主宰，所以能發揮般若直觀。反之，當我被物慾包圍、被物境所轉時，我成為被動的奴隸，終究陷於分辨與貪婪，當然就要失去喜悅了。

我們如果在春末的時間，到郊外去走走，那時你可能發現田野裡一片老圃黃花，蜂蝶飛舞其間。你也許會讚嘆那幅如畫的景色，而投入那忘我的懷抱，那時就是直觀，直觀就充滿喜悅，充滿美感和清馨。反之，如果你自己就是農夫，為了翻土和灌溉而發愁操心時，那幅景色即刻變成一種憂愁、一種負擔和無奈的苦悶。直觀使人變得愉快，從而有能力去活得更好。分辨使人陷入對立與不安，它造成苦悶與困頓。直觀是禪的一部分，也是把握人生之美的智慧，有了直觀才能把握分辨。它讓分辨的知性思考，妥貼地為我們服務。

柒

清淨與自由

淨是禪者的精神生活特質，淨顯然不同於靜。在禪者的眼光中，靜未必就是淨，而淨一定能靜。淨是把心裡頭那些塵勞清洗出去，讓自己的真如本性回復原貌。就好像我們在清除污染一樣，只要環境不再受污染，自然有翠綠的青山、清澈的流水、亮麗的視野，從而有著舒適的感受。山水和藍天本來就有的，明月和綠野本來就存在的，只要能淨，萬物都能崢嶸並育。

我們的心中也有一個山河大地，它一樣能孕育一切，它就是我們的真如。只要我們懂得淨的道理，真如就會活生生地實現，而流露著智慧之光。反之如果我們用靜的方式來處理，就好像內在的一切活動停止下來，生活就失去活力。所以空心靜坐不是生活的正道。禪的本質就是要離開染著的「有」和空心靜坐的「無」，而使自性真如能顯露出來。《楞伽經》是禪宗初祖達摩（?-535）用來印心的經典，在這本經裡頭釋迦牟尼佛說：

一切法性，
離有無，
不應作想。

也就是說，生活之道不是在於「有」上生心，也不是用「無」來斷滅，而是從淨化寧謐中發出真如的光明智慧，去落實地生活。馬祖道一（709-788，一說688-763）有一首偈子說：

心地隨時說，
菩提亦只寧，
事理俱無礙，
當生即不生。

這裡所強調的仍然是一個淨字。因為唯有淨化自性，才能做到事理無礙，只有在自性清淨了之後，這時所顯露出來的覺照才是真心，這時所作所為都是自然的、中肯的、當生的。這種「當生」的舉止行為，因為沒有受到「作為」的薰染，所以也就是「不生」。馬祖在答覆一位學生的問題時說：

於心所生，即名為色，

知色空故，生即不生。
若了此心，乃可隨時著衣喫飯，
長養聖胎，
任運過時，
更有何事。

在日常生活中，不能直心去處理事情，便會顧慮東，顧慮西，權衡得失，分辨高下。這些「顧慮」都不是事實的本身，而是「色」。由於色是心理投射出來的意念，如果能警覺到這一點，而把它放下，那時所產生的理念就是真心，那就是「不生」或「無生」。能把握這一點，一天到晚，沒有不心安理得、恰如其分了。

古人常說「無欲則剛」，當我們不在事理上另加上其他的企圖時，自性是清淨的。正因為自性是淨的，所以也是至大至剛。有許多人，一做起事來就考慮到利益，考慮到權利，或者擔心別人對自己的看法或批評，所以是被「色」相所轉，被境界所牽，以致不能把事情恰如其分的辦好。那是因為自己被色所障，被塵勞所薰，以致自性不能實現，般若智不能大放光明。

淨與心靈的自由

許多人都會覺得星期五下班，一直到當天的夜裡，是一個星期當中最喜悅、最適意自在的時間。為什麼呢？根據我的訪問，大部分的人都認為：這段時間可以把一切放下，而且第二天又是週末放假，心裡覺得萬緣俱下，輕鬆自在。我想那是一種自由的喜悅，那種自由不是一般人為所欲為的自由，而是心靈的清淨。

清淨是心靈生活的空間，是自性得以舒展的條件。我們所以覺得心煩氣躁，是因為我們失去性靈生活的空間。覺得苦悶煩惱，是因為我們被一些色相所纏縛。當我們被色相擾亂之時，我們的心理總是失去平衡，失去平心靜氣，失去恬靜。那就是迷，就是心病。

每個人本來具有「金剛之智」，它不但能用於出世，橫超三界（色界、欲界、無色界），直證圓覺，同時也是世間法的根本智慧。每個人本來都很明理睿智，都可以把自己的生活和事情處理得很好。但是自己一旦有了貪婪，有了不淨的念頭，眼、耳、鼻、舌、身、意六根之中任何一根受到「境界」的染著，失去其明照和覺察的本性，就有了弱點。這時許多錯誤的判斷，就因此而起。在佛經裡頭，我們稱這種錯誤叫心魔。心魔總是在不淨時，才乘虛而入。牛頭法融（594-657）禪師在《心銘》中說：

一心有滯，
諸法不通。

人總是心理有了染著，才失去正確的判斷。所以貪小便宜的人總是賠大錢，小不能忍的人必然惹大禍，看不開放不下的人心理才發狂。愛財貨者易中貪毒，盛氣凌人者易中瞋毒，放不下心者易中癡毒。這三毒就是人類造作的孽源。

我有一位老鄉親，畢生努力工作，稍有積蓄，一天被金光黨騙了幾十萬元，被騙的原因就是為貪買便宜的珠寶，落得傷心若狂。許多人為了貪圖利息高，放高利貸，造成血本無歸；為了投機發財，弄得傾家蕩產。人的聰明睿智，是清淨的狀態下才流露出來，傅大士在《心王銘》中說：

清淨心智，
如世萬金，

般若法藏，
並在身心。

就一般生活而言（世間法），清淨與單純是最珍貴的法則。就正覺成佛，究竟涅槃的出世間法而言，自淨本心，使如來藏識顯現自然本有的心王，亦乃修證之樞要。傅大士說：

淨律淨心，
心即是佛，
除此心王，
更無別佛，
欲求成佛，
莫染一物。

當我們不被貪婪、瞋罣和愚癡三種心毒污染自己的時候，心靈是清淨的，自性智慧就顯露出來，那就是悟佛知見，進而入佛知見。成佛悟道是沒有出世與入世之分，沒有職業和性別的不同，而在於保持心地的平淨。那時候不但身心喜悅自在，而且具有圓滿究竟的醒覺。牛頭法融在《心銘》中說：

樂道恬然，
優遊真實。
無為無得，
依無自出。

人只有在兀爾忘緣的時候，才可能有萬法齊觀的智慧；在寂靜不生的時候，才可能放曠縱橫，灑脫自在。

自由是淨心的結果，當我們不因為利在眼前而動心時，我們獲得真自由。當我們受到批評或誹謗時，我們不為此而動肝火，那就是自由。當我們不執著於成見，不執著於一切情愛時，那就是自由。自由是自心不役於物，不受制於境界，永遠保持清淨、明朗和喜悅。心靈自由就是從種種纏縛中解脫出來，肯定本來質樸無華的真我。那時自己心理的運作，無論是情感和理智，自然調和而沒有弱點，魔就不會乘虛而入，所以叫做「金剛般若」。這時所用的心就是「無所住而生其心」的心，也就是般若智。

淨是現代心理衛生學上一項很重要的心理學技術，無論哪個學派，都把淨當做個人解脫煩惱、排除焦慮、消除心理困境的重要方法。因為只有透過淨化，才可能對生活有嶄新的認識，從而擺脫原有的困境，建立新的適應能力，再度點燃光明的希望。

現代人的焦慮和苦悶，大部分來自慾望之不能滿足，又無從克制慾望之不斷萌生，於是產生了壓抑，造成了苦悶，形成無止盡的焦慮與煎熬。禪給我們的啟示是：

外離相為禪，
內不亂為定。（《六祖壇經》）

但是現代又有幾多人能真正做到這禪定的清淨呢？倘若我已經陷入煩惱的暗宅裡，又怎麼能像六祖慧能所說的「常須生慧日」，來照破那五蘊塵勞呢？我相信，禪者一定要告訴苦悶的現代人：「放下！放下！」但是現代人也會常常自怨自艾地說：「放不下！放不下！」但無論如何我們一定要學習淨的生活藝術，否則就會面臨更多的困頓與痛苦。

關於淨的道理，就心理學的領域來看，最早做完整研究的人要算佛洛伊德。他認為淨是治療心理疾病和精神困頓的核心工作。因為淨化使一個人的心智與情感回復到平靜狀態。人唯有處於平靜狀態，才能發現造成心理焦慮和病症的真相或原因。他認為焦慮和病症是因為抑制，而抑制的原因通常是由於懼怕。所以如果我們能淨化那些引發懼怕的種種因素，就能重新認識那真相，接受它、承擔它，而疾病也隨之消除。

淨化可以透過和心理治療師的諮商談話達成。一般人如果心裡煩悶，也可以找個知心的朋友傾談，而達到導瀉的作用。通常經過諮商或與朋友傾談之後，心情會恢復穩定，有時經過一番傾訴之後，會有釋然的感覺。心理學家羅吉斯曾把淨化和醒覺當做一體之兩面，認為心理經過淨化之後，即刻會產生解脫和釋放，並導致一個人的清醒與重新適應。

淨化是爭取理智和平衡情感的最好方法。當你為一件事情怒火中燒時，千萬注意要淨化自己，只要你有一點時間緘默，瞋罣之火即刻可以獲得冰釋。當你有些事情煩得發慌時，一定要把它先擱置一下。找個調適的活動，如唱歌、咏詩、散步、旅行、度假等等，都有助於心靈的淨化。等到淨化過後再來處理原來令人煩心的事情，也就覺得容易多了。

當我們的心智被種種貪婪、瞋罣和愚癡所薰染時，我們失去了理智，失去了公允和真知灼見，那是心理錯亂的原因。《楞伽經》上說：

合業生相，
深入計著，
不能了知色等自性，
故五識身轉。

人由於種種的慾望和虛妄的念頭，引起不正當的思想和行為業相，深深地牽引著我們的心智。如果我們不能淨化自己，從種種虛妄色相中淨化出來，就會迷失自己。

自性淨土

我們內在的心理世界裡，原本就是一個淨土。但因為有了許多貪婪和造作，才造成了心靈世界的污染，而把自性淨土變成了污濁的世界。內心污染了，才有諸多的煩惱和痛苦。這時如能淨化內在的世界，自性中的如來藏識便能大放光明，去成就圓成實性，那就是佛，就是醒覺。

有一次一位弟子問六祖慧能說，念阿彌陀佛佛號能否往生西方極樂世界。慧能告訴他，心淨就是佛土淨，自性就是用功的道場。因此念佛往生，必須懂得自性的淨化，以清淨心和平直心去生活。《六祖壇經》上說：

凡愚不了自性，
不識身中淨土，
願東願西。
悟人在處一般（醒悟的人平心處世，不起非分之念），
所以佛言，隨所住處恆安樂。

當一個人能自淨本性的時候，心裡就沒有不善的念頭。如果在日常生活當中，念念見性，不受愚迷，常行平直，西方只在剎那。因此念佛求生淨土，也必須從淨化自己

著手，否則用功的方法就有了差錯。《六祖壇經》上說：

佛向性中作，
莫向身外求，
自性迷即是眾生，
自性覺即是佛。

在心理歷程中，能夠使我們從自性中醒覺的唯一方法就是淨化。所以說：「但性清淨即是自性西方。」唐朝慧忠（683-769）國師在答覆學生問「什麼是解脫」時說：

諸法不相到，當處解脫。

這句簡單的回答，似乎像一部大經一樣，能發人省悟。在《楞伽經》裡記載著釋迦牟尼佛對大慧菩薩的叮囑說：

法佛者攀緣離，
一切所作根量相滅。

當一個人能放下種種攀緣和造作時，一切所作的妄想和緣起也就自然消滅。

在《楞伽經》裡，釋迦牟尼佛對自性也有詳盡的解說。自性包括三個部分；第一部分叫妄想自性，這在《唯識論》裡稱為遍計所執，在《大乘止觀》中稱為分別識。分別識是透過眼、耳、鼻、舌、身、意六根的作用而存在的。如果六根執著在色、聲、香、味、觸、法六塵裡頭，就必然起心動念，失去真知的能力。由於起心動念是因為外境的影響而造成的，它並非真實，正因為它不是真實，所以會障礙般若智，而使人迷失。我們喜歡吃好吃的食物，穿華麗的衣服，愛聽別人的稱讚，努力想成就盛名，這些都是分辨的結果所產生的慾望。這些慾望會使人走向作奸犯科，會使人步入無明煩惱的心境。妄想自性產生分別識。它對真如自性來說是一種障礙或塵垢，它使如來藏識無從發出光明亮麗的智慧，所以妄想自性是必須淨化的部分。

其次是緣起自性，在《唯識論》裡叫做依他起性，《大乘止觀》中稱為依他性。它是經過分辨識所造諸業，而隨之薰染輪轉的習性。它可以含藏在阿賴耶識中，隨時隨地出現干擾我們的思維與判斷，所以又叫做現識。這種依他起性是從潛意識底層不斷源起的一些念頭，在日常處事接物之中隨時出現。通常我們在不經意之中，會產生一種不正當的意圖，一種情緒或衝動。這種衝動當時似乎是難以自制的，一旦付諸行動，往往招惹更多的煩惱與痛苦。當然也有可能產生創造性靈感，但如果不經過淨的銑鍊，是不可能有真知的。這種依他起的業力，也是必須淨化的部分。

第三個部分就是成自性，在《唯識論》中又稱為圓成實性，在《大乘止觀》中則稱為真實性。它是自性的本體，是經過淨化之後才顯現出來的真空妙有，能成就一切又能離一切，所以叫如來藏心，是醒覺的真我。

在我們的心理生活之中，如果不懂得淨化自己，而不斷地起分辨，又不停地壓抑自己，那就會迷失自性，活在妄想的迷境裡頭。《楞伽經》上說：

藏識海常住，
境界風所動，
種種諸識浪，
騰躍而轉生。

當我們被境界牽著走的時候，自性就開始紊亂起來，在毘盧性海（即法體或自性）裡頭，掀起了一波波的浪潮，以浪激浪，墮入煩惱與苦難的深淵。反之，若能淨化自己，就能豁然開朗，生活在自性淨土之中，清心自在，自由逍遙了。

釋迦牟尼佛說，由於眼、耳、鼻、舌、身、意的分別，我們對於色、聲、香、味、觸、法六塵才會有執著，由於執著才有煩惱和薰染的業力。這些薰染了之後的種子，最後會變為跟著如來藏識打轉的障礙，影響我們的思考和行為。即使人死了，這些業力仍然存在，再度轉輪，應諸有情而復生，生生不息，苦業不斷。倘若能自淨心意，分別而不執著於分辨之相，解脫薰染，一心清淨，那就是自由自在的如來。《六祖壇經》上說：

但淨本心，使六識出六門；
於六塵中無染無雜，來去自由，通用無滯，
即是般若三昧自在解脫，名無念行。

修持淨心使我們能應用六識的分別，而不流於六塵的執著，實現自由人生，而不流於貪婪的苦，那就是佛法的精要處，也是真空妙有的處世真理。懂得真空妙有的人，就好像你到公園遊玩一樣，由於不把花園佔為己有，所以能以空的心情去享受那顯現在眼前的花卉與樹木之美、鳥語花香的喜悅。因為那時「耳聞之而成聲，目遇之而成色」，那種無盡藏的喜悅，是無從言喻的。人生也是一樣，如果把許多事放下來，以淨心的「空」去生活，便無處不喜悅，無處不覺得豐足。

淨不但是一種心理衛生的法則，可以提升一個人的精神生活，而且是孕育創造力的基本條件。淨使我們清醒和覺悟，清心而自在。淨同樣使我們放下種種束縛和成見，讓自性真如，散發著光明的智慧。

清淨自性就是所謂的真如。真如不因為有了妄想、分別和執著而減少，當然也不會因為你放下執著和萬緣而增多。真如是不增不減的、不生不滅的，它的關鍵在於能否透過淨化而大放光明。誠如《南嶽思大禪師曲授心要》所說：

以不生不滅，
不增不減，故名之為真。
三世諸佛及諸眾生，

同以此一淨心為體。

所以說當一個人能淨其本性時，自性真如便能照破種種見思和分辨的困惑，就能照破煩惱無明，獲大自在。因此淨心與修持是一體的。淨的修持使人從而自覺，顯露淨心之真如。淨心的自覺則產生了淨的功用，而發出清朗的法喜和智慧，那就證得自性淨土，並與十方諸佛國土相應。

淨的實踐與止觀

淨心不但是人類治事智慧的來源，也是維持心理健康和人格統整的唯一憑藉。淨心使一個人不被外境誘惑牽引，而失去獨立和清楚的思考，同時也因為以清淨之心待人，所以人際關係也就更為平易。古人說「君子之交淡若水」，便是淨化的友情，而非別有所求的用心與熱絡。所以淨是人類性靈生活的最高表現，也是至高無上的生活藝術。

淨心既如此重要，我們要怎麼實踐淨的修養功夫呢？

天台宗承佛陀的教義，特別重視淨心的修持法門，亦即止觀法門。止是淨的修持，觀是淨所發出的智慧；止就是「覺於淨心」，觀就是「淨心自覺」。當我們的自性真如被種種物慾和妄想薰染時，我們就變得愚迷、憍狂和嫉妒，而流於種種惡業。因此必須經過「止」的功夫，使障礙清淨性體的種種塵勞解脫，呈現本來面目，顯現般若智慧，這樣才能做到《六祖壇經》所謂：

偏周法界，用即了了，
分明應用，便知一切，
一切即一，一即一切，
來去自由，心體無滯，
即是般若。

怎麼才能做到止呢？當然，那必須遵守淨戒，有了戒律才能保障自己不被污染，這些戒律至少包括戒貪、戒瞋、戒癡、戒殺、戒盜、戒淫、戒酒、戒妄語等等。這些戒是漸進的，可以先修少分戒，再修多分戒，進而修滿分戒。戒律越是森嚴，心靈越能清淨。不過如果持戒的結果，變成一種勉強，而不是一種自動自發的喜悅，戒律就失去了淨化性靈的效果。如果持戒的結果使自己變得痛苦和不自在，那就是有了障礙。止的功夫必須從漸修來培養，那也就是北禪神秀（606-706）所謂的漸修，他說：

身是菩提樹，
心如明鏡台，
時時勤拂拭，
莫使惹塵埃。

我們把心中的三毒（貪、瞋、癡）和五蘊塵勞放下時就是止，能不起分辨識時就是止，能無善無惡、無是無非時就是止。除了從持戒中培養止與淨的功夫外，還有以下幾個方法：

首先是懺悔。懺悔是淨化心中種種煩惱的最佳方法。懺悔不只是認錯了事，而是要能改正。把「無始」以來的薰染和惡業，全部懺悔。一個學佛的人，每天都要用心的懺悔三障（煩惱障、業障和果報障），令六根十惡悉皆清淨，從慚愧、畏懼和厭離中，轉三障為菩提心。從佛力佛恩中，觀罪性空，完全淨化，而表現於身、口、意，終於自見本性，發般若智。

在佛學的經典裡有兩本與懺悔有關的典籍，其一是《慈悲三昧水懺》，另一為《梁皇寶懺》，它們都在闡述修淨的方法。在禪宗裡頭，也講懺悔，《六祖壇經》的懺悔文是：

1.弟子從前念今念及後念，念念不被愚迷染，從前所有惡業愚迷等罪，悉皆懺悔，願一時消滅，永不復起。

2.弟子從前念今念及後念，念念不被憍誑染，從前所有惡業憍誑等罪，悉皆懺悔，願一時消滅，永不復起。

3.弟子從前念今念及後念，念念不被嫉妒染，從前所有惡業嫉妒等罪，悉皆懺悔，願一時消滅，永不復起。

六祖慧能稱上項懺悔叫無相懺悔，能夠「滅三世罪，令得三業清淨」。所謂懺就是懺前愆，使其永不復起：由於它是真心的懺，所以能夠懺盡。悔就是悔其後過，使自已永斷五蘊六塵的引誘，永斷薰染，更不復作，所以能完全的悔正。

懺悔使一個人的煩惱剝落，使自性如來，塵盡光生，照破山河萬朵。由於它是徹底的，所以不是知性的，而是體驗性的，同時也是主觀的，如人飲水一般，只能親嚐，無從言傳。它不但淨化了情感和情緒，使人落實在真實的生活裡，能夠離分別而滿心歡喜；而且懺盡過去、現在和未來的種種業力，使心靈獲得自由，而顯現出自性光明的如來藏識。

第二個修止的方法就是坐禪。慧能法師在《六祖壇經》中說：「心念不起名為坐，內見性不動名為禪。」當一個人能止住種種虛妄，不被外境所動，不起心動念，就是禪定。但禪定並不是那麼容易辦得到，所以必須有個練習的方法，那就是打坐。打坐除了依照正確坐姿進行外，重視調整身心，特別是調息，使自己身心完全融合一致，專注清淨，心無雜念。最常用來克制雜念的方法有：「數息」，那就是從一數到十，來回專心數著呼吸，心無旁鶩。其次是「隨」，那是專注於鼻息，一心隨著呼吸間氣息的出入專注其流動。這種念與息俱的訓練，使心不再散亂。「隨」的訓練，亦可用在日常生活中待人處世的言行動靜，從而冷靜專注。再次就是「止」，也就是在打坐時，把注意力專注於身上的某一點，由於專注得好像悉心照護著它，如保赤子一般，所以心不散亂。最後一種方法就是「觀想」，觀想把自己的精神提出來，去看著靜坐中的自己，靜靜地看著它，就像一個牧者在看牛羊吃草，不讓牠去壞了秧苗一樣，以防止注意力的散亂。觀想亦可採取內觀，觀自己坐禪時的身心，有如淨土那般清淨，從而進入清涼自在。

打坐的訓練，不但能培養一個人的專注，其對於身體健康亦有助益，它使我們靜下心來，在身心上產生鎮定作用，同時能保持良好的清醒與反應能力。

淨化自性的用功方法，除了上述「懺悔」和修「止」之外，還有一種重要的方法，那就是「觀」了。觀是一種由動入靜、化薰染為淨謐的有效方法。比如說，某甲罵我，我很生氣，如果及時觀照，想想那只不過是一系列的聲波而已，我為什麼要對那些聲波生氣呢？如果再想想，我被他罵已經算倒楣了，現在自己卻為了那些聲波而動怒動氣，豈不是自找苦吃？再想想自己生氣的意義是什麼，加以分析便發覺自己心跳加速，血壓升高，血液裡頭的化學平衡發生變化，身體各個器官全部警戒起來。這時如果自己能從境況中跳出來觀照自己，就會覺得可笑，從而息怒。這種觀法就叫做思維觀。《四十二章經》中說：「別人罵你，就像別人送你禮物一樣，如果你不收受，禮還是歸屬於罵你的人。」被罵的人如果有了這個思維觀，自己也就覺得釋然。

對大部分學生而言，考試沒有考好是很傷心憂悶的，但只要想著：失敗正是給我教訓和改進的機會，記取教訓而努力未來，傷感也就消失。因此，被倒會而無法要回會錢的人，只要把它當作宿債，自己就會比較釋懷。

第二種觀法叫做不淨觀。譬如說，修行的人涉想到漂亮小姐的時候，就想到她身上的不潔淨，鼻子裡都是鼻涕，嘴裡都是唾沫，肚子裡都是腥血不潔之物。並想到她死後也只不過一具骷髏，如此也就不想她了。人只要想著，自己的形體死後，只是一堆骨頭，把骨頭磨成了灰，被風吹散了，什也就不存在了，就會消除一些貪婪，而更積極於追求生命的第一義諦，參證清妙的正等正覺。

另一種引發自己清淨的方法就是慈心觀。當我們發現宇宙萬物是互依共存，是彼此互為圓滿的條件時，我們便會油然泛起一片慈悲之心，見人饑有如己饑，見人溺有如己溺。這時，自己對別人的憎罣自然消失，我與大自然的對立化為親切的互賴，那就是慈心觀。在佛法的觀念裡，人與有情眾生，都曾經是親眷屬；只不過業力的輪轉，才化為種種卵、胎、濕、化的生物，有了這種觀念，自然對一切有情眾生產生悲憫之心。

此外，念佛也是一種觀想，當我們觀想著佛身莊嚴地出現在眼前時，我們開始感到一種平淨的感受。特別是念佛時，觀想自己即在極樂淨土，觀照於《阿彌陀經》及《觀無量壽經》中的淨土情境，那時可以萬緣放下，百慮盡除。

觀不只用來淨化自性，同時也是用來發慧的重要方法。比如說直觀般若，能把我們帶入當下領悟與喜悅的清妙，能讓我們過著光明的精神生活，同時也是心理活動上創造力的來源。佛陀為了教導我們善用觀的技巧，特別提出以下幾個法則（按：即四念處觀）：(1)觀身不淨；(2)觀受是苦；(3)觀心無常；(4)觀法無我。

當我們能善用觀照的方法來解除心中的種種薰染，排除其煩惱時，我們自然獲得淨化。

總之，淨是我們提升性靈生活的手段，也是自我實現的要件。淨不但能消除種種虛妄，使自己真正地自由起來，同時也是引發內在自我大放光明、過創造性生活的條件，這是淨對世間法的意義。另一方面，由於我們內在的心理世界得到清淨，自性含藏的萬法也就展現出來，這時內在的精神生活與外在十方諸佛的法界，也就得到相應，這種相應，就是「心淨即佛土淨」，而證入《華嚴經》所謂的一真法界（最高的精神生活），得無盡的法喜。

捌

悟、醒覺與解脫

是一個人獨一無二對生活的領悟或省發，每個人都透過領悟而肯定了真我，發現生活的光明面。這種省發不是一般所謂的知性理解，或者經過合理化過的意識活動。而是一種醒覺，一種清醒地釐清客觀的事和主觀的我之間的關係。這種關係顯然是建立在淨化的基礎上；人由於放下情緒、情感、理性判斷和分辨的執著，才發現了真我，才發現自己如如實實地、貼貼切切地生活在生活的場勢之中，不被任何外境扭曲，也不扭曲外物。這時自己的內心是清醒的、喜悅的、沒有造作的、自然的。這時真我的理體和世事的大用是相契合的；理與事是調和無礙的，事與事之間也是圓融不相矛盾的。所以禪透過悟引導我們走向光明的精神生活，從「有情世間」提升到「正覺世間」。

禪就心理生活的層面來看，是心理健康的根源，它讓我們解脫焦慮，放下煩惱，能還給我們心平氣和的生活態度和活潑有朝氣的原創性。但它有一個要件，那就是悟。

禪的關鍵在於悟，只有透過悟才真正從紊亂的潛意識情結和令人迷亂的價值體系中解脫出來。開悟的條件是淨，當一個人能自淨心意的時候，就能脫離情緒的干擾，能不被境界牽著鼻子走，就能如如不動，顯露光明的智慧，對世事的林林總總直接契入真要。所以說，定與慧是一體的，淨是智慧所以能顯現的原因，而智慧顯現時，生活也就自在無憂。所以生活之道不是在於逃避困難或煩惱，而是在於放下塵境，從悟中發大智慧，這也就是學佛的宗旨。有一次一位弟子問唐朝慧忠國師說：

「怎麼才能成佛？」

慧忠說：

「即心即佛。」

弟子又問：

「這個心有煩惱沒有？」

慧忠說：

「煩惱自然不起。」

弟子又問：

「這不就是要切斷煩惱嗎？」

慧忠說：

「如果切斷煩惱，就是二乘（二乘意指不是正法），必須是不生煩惱才是大涅槃（指心靈之純淨圓滿）。」

涅槃是指精神生活達到最高的圓滿與清淨。這個不生煩惱而綻放光明智慧的精神法性，必須透過悟才能實現。所以《六祖壇經》上說：「一念悟，煩惱即菩提。」悟可以說是產生智慧的過程。

悟的本質

關於淨與悟對於日常生活的關係，在此有必要加以說明。我們遇到一件事情，也許對自己有利，也許對自己有害；也許是自己喜歡的，也許是自己不喜歡的。這些構成了這件事情的表面價值。對於一般人而言，自己與這件事之間的關係只停留在這個階段，它是從表象出發的，而不是從中悟出真正意義。因此，自己的意識很容易被色相迷住，而產生了貪、瞋、癡、慢，引發了喜、怒、哀、樂，並導致許多造作和困惑，失去醒覺的能力。比如說某個人所以會監守自盜，是因為被物慾的色相迷住。另一個人所以和詐騙集團共謀詐領公款，是因為勘不破別人的遊說和利誘。人在失去智慧（般若覺照）的時候，便墮入罪惡的地獄和無盡的煩惱。

禪就讓我們時時刻刻從許多境界中悟出來，從許多情緒和情感中解脫出來，不致因為一時之怒而鑄下大錯，不致生活在「貧窮的心態」下貪婪不堪，受到情慾之火的煎熬，這也就是「無生」的意思。當我們能做到無生的時候，才可能清醒地生活，做正確的同應。

禪者的生活必須除了具備無生之念外，還要體悟到如實的層面。因為無生只是一個悟入的條件，如果不契入生活的實在層面，便會造成斷見，墮入無記空，以致失去生活的活力和智慧。因此生活必須在能「思無思之妙」時才能理事不二，活得自在喜悅。法融禪師說：

寂靜不生，
放曠縱橫，
所作無滯，
去住皆平。

當我們能由淨而看出周遭事事物物都存在著和諧自如的本來意義時，自己所聽到的是真實，自己所做的也就不虛偽。那時我們所做的都出自本真，都能「反身而誠」，都能自得之而居之安。其實現的喜悅，甚過五音六色的娛樂。當我們把私心、貪慾、偽飾、名利都放下時，心裡是寧靜的，能中肯地處理生活及世事，所以理事就不相衝突了。這種「當生」的智慧就是「無生」所帶來的正果。

悟是漸進的抑或頓悟的呢？就徹悟的本質而言，悟是頓而不是漸，但是就達到悟的過程而言，它是漸而不是頓。悟是徹底的、是突然的，是在日常生活中直接悟入，而不是慢慢地思考去領會。虛雲老和尚（1840-1959）有一天在倒茶時因為茶杯碰落地上，突然頓悟了，他說：

杯子撲落地，
響聲明瀝瀝，
虛空粉碎也，
狂心當下息。

從本質上看悟，悟雖然是突然的、是頓的，但就深淺與普遍性而言，它是漸的。虛雲老和尚的徹悟，是長時間修持的結果，但在此之前，他早已有無數次的淺悟，那是可以在虛雲老和尚年譜中看出來的。悟必須透過修持才能由淺悟而深悟，由少悟而徹悟。每一個人都有過悟的經驗，因為它是淺悟，而且是偶然的。所以來得很突然，很容易又流失掉，而不能對我們的心智生活有了較大的作用。比如說你在炎熱的夏日不期然走近林蔭，樹上棲息著呢喃歌唱的小鳥，這時，一陣清風可能使你若有所悟，而把你帶到心靈自由與寧靜裡頭。但是那種經驗往往被世俗的忙碌和煩惱淹沒，以致消失在塵勞波濤之中。然而詩人往往會把握住這淺悟，寫下絕佳的詩句。也正因為詩最能表達那種清馨的喜悅與自在感，它最能引起讀者的共鳴。

生活中的事事物物，只要能從中悟出它對自己的特有意義，便可產生滌盪的效果。有時它帶給你喜悅，有時使你有所醒發，有時令你曠達樂觀，有時令你積極振奮。人所以能日新又新是因為悟。事實上，悟就是成長，就是從現狀中解脫出來向前成長。悟隨著心靈的寧靜和精神的淨化而愈來愈深、愈來愈多，而至日常生活當中，事事物物都能有悟，那就是彌陀淨土了。

佛經上說「心淨即佛土淨」，當心地修養到不受境界干擾時，內在的宇宙化為極樂淨土，它與外在的西方極樂淨土是沒有二致的。這時「當下即是淨土」，是清醒的，是喜不勝收的。這在《阿彌陀經》中有清楚的敘述，即在西方極樂世界裡，周遭的萬事萬物，都能引發自己進入悟境，而有所開悟。所以隨時隨地鳥鳴花開，清風流水，都能使你悟入醒覺而喜悅。雲巖的弟子洞山有一次問道：

「無情說法誰能聽得到？」

雲巖說：

「無情能聽得到。」

洞山又問：

「你聽到了嗎？」

雲巖答道：

「假如我能聽到，我便成了法身，那麼你就聽不到我說法了。」

洞山又問：

「我為什麼聽不到呢？」

雲巖便舉起一支撣子說：

「你聽到嗎？」

洞山回答：

「聽不到。」

雲巖便說：

「我說法，你都聽不到，更何況無情說法呢？」

洞山又問：

「無情說法出自何典？」

雲巖回答說：

「《彌陀經》中不是說水鳥樹林，悉皆念佛念法嗎？」

洞山聽了這話，才恍然大悟。雲巖說：

「也大奇，也大奇，無情說法不思議，若將耳聽終難會，眼處聞聲方可知。」

雲巖說：

「現在你很高興吧！」

洞山說：

「我豈敢說不高興，我高興得正像在垃圾堆中撿到了一顆明珠。」

這裡所謂的無情就是自然，就是周遭的事物，是無從逃避的，是生活的本身。當自己能領會「無情」所表現的一切，從中悟出來，那就是度脫一切煩惱，消解一切執著，那就是大自在了。西方極樂世界就在我的心中，當我能在當下體悟真常時，我就見到了那自性的明珠，光芒四射，亮麗得不可思議，這就是深悟或徹悟了。

禪悟的條件

我們必須了解，悟是內在主觀的作用。佛經上的種種傳述和師承上的種種解說，只是一個助道或助緣工作，絕非悟道的本身。必須在自己讀經和聽了開示之後，有所省發，而流露於言行舉止時，才真正見道。所以悟是不可言傳的，即使別人把悟境告訴自己，自己還是無法產生切身的體驗。當然，我們在聽到別人的悟境時會有些理解，但那只是知性的，不是力行的，是臆測虛幻的，而非如實把握的，所得到的知見終究還是虛幻。正因為禪是那麼的主觀，所以沒有什麼可資傳遞的系統方法。也正因為沒有方法，所以它是簡單得無須假手任何方法。但是它也有幾個條件，這些條件正是禪承傳的途徑，也是現代人能接觸到禪悟的可能因素。

首先必須皈依，並有好的老師指導，讀大乘經典，至少讀《六祖壇經》（亦稱《六祖法寶壇經》）和《景德傳燈錄》，就領會之法意付諸實行。此外，保持努力工作，精勤不懈；對於一個學生而言，要努力學習學校的功課；對一個已就業的人來說，要盡本分，把事情做好，並確立自己工作的目標，認真去做。

其次是疑。當自己對禪有了相當的了解，在日常生活中去實踐時，會發覺佛法和世間法之間有些不調和，從而產生疑情。也許你會懷疑世間法會不會壞了出世間法？什麼是佛？成了佛又有什麼用？什麼是道？什麼是自性清淨？見道或清淨了之後又是什麼？什麼是西方淨土？什麼是世出世間法不二？平常心是道是什麼？佛從心中作又是什麼？等等無量無邊的疑情。這些疑情當然需要有老師開示，或者你必須閱讀一些大乘經典以求解惑。但是最重要的是悟，是從心中悟出來，超越了那些知性的現象與思維。

第三是別人不可能替你悟，更不可能提供你答案。禪在於引導一個人能悟出生活之道，而活在不被境轉的清淨自由之中，綻放出活潑的生活智慧。由於每個人的過去經驗、情緒、情感與種種業力和當下的心理活動都不相同，所以內在的心理生活也不一樣，所生的疑也是個別的，是獨一無二的。因此，不同的人問同一個問題，卻有不同的涵義，當然也需不同的答案才能解惑，所以說那是言語道斷的。即使說了也是不切實際，不能真正幫助他了斷那段牽纏不盡的疑情。當然，讀經可以有助於解惑，請法師開示也有助於解惑。但悟的必須是自己，就好像你渴了必須自己喝水，餓了必須自己吃飯，別人沒有辦法替你吃，即使別人替你吃了也不能止你的饑渴。所以法師們是不會把答案說破的，事實上也是說不破的。如果法師真能替你勘破疑情，以其大慈大悲，早就為你破疑。不過，他確實是苦口婆心地在幫助你，希望你找出度脫困境的明律。有一次洞山問他的老師溈山，是否無情會說法，如果無情會說法，為什麼我們卻聽不見他說法？經過一番討論，溈山說：

「我父母所生的嘴，不是替你解脫疑情的。」

於是介紹洞山去見雲巖，而洞山卻在雲巖舉起一根撢子的時候有所領會，而以《阿彌陀經》印證無情說法時，得到徹悟。

悟對於自己的疑情具有豐富的意義，它既是悟，又是證，同時能發為智慧，表現於生活當中，所以悟是主觀的活動，是不能說破的。有一次溈山激發弟子香嚴（?-898）說：

「我不問你經卷上的意義，只問你在未出胞胎、未辨東西時是什麼？請你簡單說一句讓我聽聽。」

這時香嚴啞口無言，幾次思索陳述自己的感想，溈山都說不對。後來香嚴詞窮了，反過來請老師指示。溈山告訴他說：

「我說的是我的見解，對你並沒有什麼幫助。」

香嚴遍尋經典資料，總是找不出這個答案，才嘆曰：

「畫餅不可充饑！」

於是決定到各處去旅行參訪。後來，他來到了慧忠國師的遺跡，就住了下來。有一天他在菜園子裡除草，無意中丟了一個瓦石，擊中了菜園旁邊的竹子，清脆地響了一聲，就因為這一聲使他悟道。於是他很感恩地說：

「老師啊，要是當時你為我說破，我怎麼可能有今天的真正體悟呢！」

人生的答案藏在每一個人的自性因緣當中，必須藉著自己的自性因緣去悟。它是內在的，神秘得別人無從知悉，只有自己才知道，只有自己才能悟脫現有的根塵與煩惱，而獲得那令人雀躍的答案。這好像自己心理有了困擾或煩惱，別人雖勸你「不要煩惱，煩惱沒有用」，但自己仍然煩惱不堪。反之，如果實地到郊外散散心，作一趟旅遊，或者去幫助一個急需救助的朋友，去看一個垂危的病人，從而對自己現在的遭遇有一個新的體悟，付予新的意義，而遣散心中的積鬱。所以第四個導致悟的因素就是行腳參訪。因為從參訪與旅行中我們會切身投入並體驗其中，而獲得新的領會。

行腳參訪包括拜訪老師、遊覽、訪友、找人談心，或變更一下生活的環境。由於這些動態性因素能提供許多活生生的情境，並從而獲得許多新的回饋，而引導個人漸漸自我醒覺，建立了真誠，切實了解生活的實際情況，從而陶冶了新的道德意識，而以清新的態度投入一個新階段的生活。所以行腳參訪，具有心理治療學上所用的現實治療（reality therapy）。現實治療的功能在於：

- 導致個人對生活的真實投入。
- 面對生活的真實而消除一些不逃避或虛幻的行為。
- 體驗並獲得新生。

行腳與參訪之外，引導一個體悟新生的要素就是機會。換言之，行腳與參訪並不一定能產生直滲心底的新體驗，而是它提供了一個特別的機會。這個機會是在日常生活中出現的，它正好是一個頓悟契理的入口，而使一個人再度投入那真實的生活，這個微妙的機會就是禪機。它就是一個人度脫諸種煩惱、見到如如生活的契機，因此禪機成為禪悟的第五個因素。

禪機可能在你獨自林中散步、傾聽風聲鳥語之時出現。可能在你佇足海濱、眺望天海一線、白濤洶湧之際發生。可能在老師的引發或暗示中出現，也有可能在不小心跌個筋斗或打破一個杯子時猛然省發。禪機的出現是在淨的時候、專注恬淡的時候、不假思索的時候出現了。

禪悟的第六個因素，要算是悟的本身了。悟是一種醒覺，一種新生活意義的發現，同時也是一種舊習氣和煩惱的解脫。這是從起「疑情」到「桶底脫了」，一連串過程中的豁然開悟。它既是一種實現，同時也是解脫。就實現而言，它是見性，是生活之落實與無礙，是個人潛能之展釋。就解脫而言，過去的種種塵勞已剝落一空，不再受到它的束縛。

悟就是度過的意思，是從塵勞的此岸到喜悅自在的彼岸，從「生滅」的心理意識到離生滅的「定慧一體」，從執著到解脫，從被境轉到轉境，從分辨意識到直觀般若，從佔有到空性，從不安到自在，從色相的生活到如實的生活。

最後我們還要注意，禪悟是在日常生活中去悟，尋求解脫，而不是住靜住空。《神會和尚語錄》中說：

聲聞住空修空被空縛，

修定住定被定縛，

修靜住靜被靜縛，

修寂住寂被寂縛。

我們要「用金剛慧，斷諸位地煩惱，豁然曉悟，自見法性本來空寂，慧利明了，通達無礙。證此之時，萬緣俱絕，恆沙忘念，一時頓盡，無邊功德，應時等備」。這時，自己就生活在如實的中道義中，「樂道恬然，優遊真實」了。

玖

超越與中道

超越是從生活情境中跳出來，以旁觀者的立場，去欣賞和讚美生活上的事事物物。超越令我們真正體會到生活之美，產生了清醒和喜悅的感受，敞開心胸，包容萬物，獲大自在。

超越不但能引導我們參悟事事物物的究竟，防止自己墮入偏見，避免走向分辨與執著。禪學上的超越是要我們不要被二分法把自己困住，要我們離開對立的兩邊，悟出一個自由的中道之路。

我們必須注意，生活的本質不是在於追求形而上的道，因為那樣會使我們餓死。當然，更不是只追求形而下的享樂，那樣會使自己悶死或脹死。所以六祖慧能說：「出入即離兩邊」，「二道相因，生中道義」，必須離開對立的兩個極端，外離物境的牽纏，內不著空而枯寂，這樣才能落實生活，成為自由自在的覺者。在生活上心如止水是不對的，它造成了精神上的枯萎，在日用中窮奢極侈也是不對的，它會導致嚴重的迷失。兩者都會失去生活的常道。禪宗三祖僧璨在《信心銘》中說：

境由能境，
能由境能，

欲知兩段，
元是一空。
一空同兩，
齊含萬象。

人總是執著在絕對的一方時，才會墮入色相的境界，執著而不能自拔，使心能消耗在物慾裡，不能在積極面上發揮，以致快活不起來。人只有「空」掉那陷人於困境的兩端，才能真正涵攝兩端，獲得平靜圓融。那時生活就有了創造力，油然有了活力，所以所作皆成，所以能齊含萬象。他又說：

真如法界，
無他無自，
要急相應，
唯言不二。
不二皆同，

無不包容，
十方智者，
皆入此宗。

當一個人能超越於彼此，不執著於高下，便能在入世與出世之間當下得到融會；便能在感情與理智之間把握超然的純真，在已知的知識和未知的假設間理出個醒悟。因此超越是一切喜悅的源頭，也是人類創造力的根源。

引導超越

禪師為了啟發學生超越的能力，往往以不說破的方法，來引導學生真正的領會與開悟。我們必須先承認禪家所謂「說食不飽」的道理，因為認識超越與能夠超越畢竟是兩碼事；認識是知性的，而超越是一種實踐的能力；認識只能口頭說，不能發揮為生活的智慧；實踐是超越的本身，它使生活得到自在與豐足。

禪學公案，是禪師與學生的對話語錄。我們仔細留意就會發現，絕大部分的對話，都是為了引導學生學會超越，但無論如何，禪師不肯說出「超越」這個觀念。他們寧可一次一次的從生活中去省發，不願以申述的方式加以解析，這就是禪師們所謂「苦口婆心」和「老婆心切」的道理了。由於它是直接進行超越性的對答，才會產生偌多令外人摸不著頭腦的公案。但就另一方面來看，這些公案也正是禪師們能得悉學生是否已超越對立困境的試金石。以下舉一些例子，以窺知一二。

唐朝的藥山禪師有一天問學生道吾說：

「你從何處來？」

道吾說：

「遊山來。」

藥山說：

「不離此宅，速道將來。」

道吾說：

「山上鳥兒白似雪，澗底遊魚忙不徹。」

這段故事在於強調如果你不離此宅（雙關語，一則表示自性，一則表示當時所在的法堂），你如何遊山玩水呢？這時道吾沒有陷入文字的知解與思維，而以詩般的景色答覆老師。

溈山和他的老師雲巖的一段對話，也很生動地說明了超越的道理。有一天溈山問雲巖說：

「菩提以何為座？」

雲巖答道：

「以無為為座。」

接著雲巖以同樣問題問溈山。溈山說：

「以諸法空為座。」

這時溈山又反問雲巖的意見，雲巖說：

「坐也聽伊坐，臥也聽伊臥，有一人不坐不臥，快說！快說！」

超越使我們對周遭的環境有清楚的認識，有更微妙的觀察，有更貼切的感受。它能使我們看到真實，不被色相所誘惑，不淪為物慾或自我中心的奴隸。超越使我們有能力承擔責任，承受一切生命的痛楚，也正因為我們能承受，有擔當，才免於一切生、老、病、死的無情折磨，那才是真解脫、真醒覺。德山宣鑑禪師生病時，他的學生問他說：

「老師，還有不生病的本體嗎？」

德山說：

「有的。」

學生說：

「如何是不生病？」

這時候德山就呻吟著，「哎呀！哎呀！」然後說：

摺空追響，
勞汝心神，
夢覺覺非，
竟有何事。

德山說完這段話之後，據說就坐化了。這段師生之間的最後答問，可能是禪宗公案中最能發人深省的一幕。首先是德山在臨終之際，還能和學生討論生活的真理，並以活生生的身教，述說生活的本質在於能超越。其次是最後的一首偈子，幾乎像春雷一樣，震醒了漫長寒冬的沉睡，它告訴我們「捫空」和「追響」，兩者都是勞神作業的活計。如果能夠以超越的態度去生活，就會像從睡夢中醒過來，發現原來那些著境時的一些虛幻和勞神苦思，無非是多餘的幻夢泡影吧！

為了要訓練學生超越的態度，禪師們也會特別作一些題目，讓學生們去想一想。有時禪師們見面時，也用一些問題來互相玩味琢磨。香嚴禪師有一次對學生們說：

「如果有人吊在懸崖上，口銜著樹枝，腳懸空無所踏，手也沒有東西可攀援。這時有人問，什麼是祖師西來意。若開口即答，就要掉入萬丈深淵，若不答又違他問。請問應該怎麼辦？」這時有一位學生回答說：

「老師！先別談怎麼辦，我倒要問，他是怎麼上樹的。」這位學生的回答，得到了老師的微笑與默許。

另外有一次一位學生問洞山禪師說：

「什麼是正問正答？」

洞山說：

「不從口裡道。」

學生又問：

「如果有人問問題，老師是否回答呢？」

洞山說：

「並沒有問啊！」

這短短的對話，又啟發了一項問答的技巧——千萬不要墮入問題的夾縫裡頭，或節外生枝，而成為不中肯的謬論。

唐中和年間，有一位善會（805-881）禪師住在夾山。他是一位直問直答、超越於對立、直指見性之門的智者。有一天有學生問他什麼是生活的道理。這種問題對現代人而言，一定是剖析解理地說個半天，結果還是掛一漏萬。但是對於一個禪師而言，只是用一個平常的心來告訴你，那些爭辯與理解總是屬於知見，而不是屬於生活的本身。於是他的回答就簡短而有力，他說：

「石上無根樹，山含不動雲。」

這時，學生也許懂了，也許還不懂。又問：

「如何是出了窟的獅子？」（按：意為什麼是解脫的人？）

善會說：

「虛空無影像，足下野雲生。」

學生又問：

「什麼是夾山境？」（按：意謂什麼老師的指授？）

善會說：

「猿抱子歸青嶂裡，鳥銜花落碧巖前。」

這幾則師生的問答，不屬於分析的，不屬於歸納的，也不是直述的。它是超越於分析與歸納，而以直觀的趨近，去接觸問題的核心。

在禪師的教導下，學生最容易問的問題是老師的承傳與家風是什麼。而老師總是以超越各門派的回答來激發學生的領悟。

學生問：

「什麼是和尚家風？」

禾山和尚說：

「滿目青山起白雲。」

欽山禪師則說：

「錦帳銀香囊，風吹滿路香。」

有一位學生問白雲禪師說：

「什麼是你最深處的指授？」

白雲說：

「矮子渡深谿。」

又有學生問行修釋師，如何是沙門終日事，他說：

「轟轟不借萬人機。」

又有學生問常察禪師，今日事如何？他說：

「葉葉連枝秀，葉開處處芳。」

禪師們的回答總是超越的，因為只有超越，才能把學生帶離對立和分辨的陷阱。超越才能尋獲到真我，才能轉境，自己當自己的主人。超越並不是自我中心，而是走出現象界的拘絆與執著，放下虛假的層面，找到真我，找到性靈的真正自由，然後才能獲得生動的體悟與答案。雪峯有一位弟子叫長慶，他有一首發人深省的偈子說：

萬象之中獨露身，
唯人自肯乃方親，
昔時謬向途中覓，

今日看來火裡冰。

如果我們在超越現象界去尋覓真理，方能找到自由自在的真我，要想在境界中找到真我，就好像在火堆中找冰一樣的不可能。

超越的範疇

超越的心向，可使一個人的人格走向統整，免於生活在割裂的狀態。當一個人的行為不是落實於一個生活的事實，而被一種虛妄的意念所引導時，我們稱它為割裂。比如說醫生是為了救人濟世，若把醫療當做賺錢的工具，他的生活便有了割裂，有了疏離。超越則與之相反，它的特質在於實現統整的生活意義。就超越的觀點看，醫生既不是為了賺錢，也不是為了證道，醫生的工作就是行醫。

超越的反面就是執著，一個人若執著在自我中心的虛幻裡，便有了許多心理防衛，如文飾、合理化、虛偽、推諉等等的行徑。日子久了自己便與別人不能彼此真正的會心，永遠不能跟別人有個真心和知交的感受，防衛心強，使自己跟別人之間有著一道無名的牆。自己當然就不敢坦然地待人接物，時時刻刻處於作為和掩飾的心態。如此人際關係就有了障礙，有了障礙就失去安全感，不喜歡跟別人作朋友，甚至連家裡的人也相處不和睦。因此，生活的態度必須超越於人我之間的對立，這是第一個需要超越的範疇。《六祖壇經》上說：

除人我，須彌倒。

當人我的對立消除時。我們就不再為意見而爭得面紅耳赤，因為我們懂得溝通，我們也不必擔心利害衝突而起爭執，因為我們都能體會到共存時的自在和喜悅。

其次是心識活動的超越。我們的心靈生活就是一個內在的宇宙，它與外在的宇宙是相應的。我們既不能只生活在內在的宇宙，也不能只生活於外在的宇宙。我們的生活超越於內外的分辨與執著，這樣就是統整，就是世俗生活與宗教生活的統整，就是世間法與出世法的統整，就是永恆和現實的統整。這種統整是沒有混雜和芥蒂的，是單純自然的，是醒覺自在的。所以經上說：

隨其心淨，即佛土淨。（《維摩詰經》）

……

但心清淨，即是自性西方。（《六祖壇經》）

在我們的三自性中，有一種叫做偏計所執性，它基於現象界的分辨而產生了思想、邏輯和科學，產生了分辨，產生了計量，當然也產生了情緒和種種妄念與聯想。另一種叫依他起性，它的活動是不自存的，是依著現象界的活動而存在，它是一種價值判斷，它可能是一種偏見或成見，也有可能是真知灼見。偏計所執性屬於八識中的眼、耳、鼻、舌、身、意六識所統御。依他起性則屬於末那識所統御。倘若我們生活在其中的一方，便執著於境界，那就會造成錯誤，並導致生活上的困頓與煩惱。倘若我們超越了兩端，整合了兩個自性，那就是圓融無礙的圓成實性了。《楞伽經》上說：

心縛於境界，
覺想智隨轉，
無所有及勝，

平等智慧生。

我們的意識有時傾向於向外求證，有時傾向於內在的內省；有時是主動的，有時是被動的。這些心識的反應都是一面倒的境界，我們唯有醒覺過來，超越兩邊，才能領悟最深的意義，得到真正的智慧。

第三種超越是對時空的超越。一個人若生活在過去的經驗裡，就執著在對過去的眷戀，而不能面對現在的挑戰，或者把過去的經驗壓抑在潛意識裡，有意無意間影響生活上的種種判斷。眷戀於過去的人通常是以古非今的，是有成見的，是不能樂於接收新知的。至於生活在「現在」的人，又因為太現實，以至於名利薰心，太勢利，太工於心機。固然不錯，活在現實裡頭的人看來比較積極，凡事比較落實，但是太執著於貪求和慾望，又免不了成為物慾的奴隸，一生總有貧困匱乏的感覺。而生活在未來的人，就如同生活於過去經驗的人一樣，充滿著虛幻。由於這種人心理過分敏感，對於未發生的事情，有了過當的防衛和懼怕。固然這種人比較多謀，比較能為未來設想，但因為太緊張、太懼怕而形成一種強烈的不安和憂慮。因此，禪師告訴我們，要生活在超越於過去、現在和未來的當下，生活在悟透的清醒裡，以智慧照亮一切。《金剛經》上說：

如來所說諸心皆為非心（非心是沒有執著、作為和扭曲的平常心），
是名為心（才是真心），
所以者何？須菩提！
過去心不可得，
現在心不可得，
未來心不可得。

德山宣鑑禪師年少出家，精通《金剛經》，尤其對青龍疏抄最有研究。在未得道之前，他聽說南方禪宗很盛，而對於所謂直指人心見性成佛，很不服氣。於是挑著青龍疏抄，到湖南來找禪師理論。有一天他因為趕路，肚子很餓，看到一位賣餅的老太婆，便放下自己的疏抄，向老太婆買點心。老太婆問他帶的是什麼書，德山據實以告，說那是一本注解《金剛經》的書。老太婆便說：

「我有一個問題，如果你回答得出來，我就免費供給點心，否則請你到別的地方去

買。《金剛經》上說，過去心不可得，現在心不可得，未來心不可得，不知你點的是什麼心。」

德山苦思不得答案，無話可說，只好餓著肚子直往龍潭，潛心和龍潭禪師學習。

德山在遇見賣餅的老太婆時，是尚未超越的。一直到當了龍潭的學生才開悟，才超越了對立的心態。他的得道經驗是這樣的：有天晚上，他陪著龍潭，龍潭說夜深了，何不回去？德山道過晚安，走到外頭，卻又折回來說：

「外面太黑了！」

於是龍潭點了一盞燈給他。當他要接時，龍潭突然把燈吹熄，就在這時候，德山大悟，便向龍潭禮拜。龍潭問：

「你見到了什麼？」

德山說：

「從今以後，再也不懷疑天下老和尚的話了！」

次日早晨，龍潭向大眾宣佈說：

「你們當中有一位大丈夫，牙如劍樹，口似血盆，一棒打不回頭，他日要在孤峯頂上建立宗門。」

德山所悟的是什麼呢？就在於超越明暗的對立，在於用智慧來統合過去、現在和未來，不再受過去的成見、未來的不安和現在色相的牽纏，直透生活的真理。

超越表示一個人能夠洞見事實，能夠參透為何，能夠真正的發現真實性，而不被煩惱和苦難所吞沒，那就是人生的喜悅，是悟的一種表現。

現代人太重視科學而忽略哲學與宗教，太強調唯物而疏於精神生活，太偏向計量的數據而無視於理念的圓通。我們生活在現象界，而脫離了精神世界。如果我們不從超越中尋求中道，我們將會生活在一個瘋狂失衡的世界。

拾

禪悟的歷程

若想從徹悟中解脫出來，就必須經過一段練習的歷程。當然，對於一個天機清妙的人而言，徹悟是剎那間的事。但對一般人來說，如果沒有經過練習和用功，是很難從五蘊（對色、受、想、行、識的執著）塵勞中解放出來，品觸到自由和清新的滋味。

現代人由於受到「效率」觀念的影響，往往急功近利，期望三步當兩步，想圖個速成，這種急躁的動機，正好與禪背道而馳。其實學禪並不是那麼難，只要你能寬心地去生活，在觸目遇緣中，總會散放出可掬可喜的禪機。儘管如此，這些清馨的反應，畢竟還是淺近的、短暫的。唯有透過一定的練習過程，才會真正優遊於禪的灘瀨，獲得自在和醒悟。

禪悟的歷程究竟如何呢？在禪的文獻中似乎很少留下定則。因為人是活的，每個人的根性、心識和態度都不一樣，所以禪師們側重的是個別指導，而不是一般原則的建立。不過我們還是可以找到一些基本歷程的軌跡。以下我們來看看臨濟義玄（787-867）的臨濟法要、洞山良价的五位君臣頌、天台德韶（907-971）的四料簡，以及永明延壽的禪淨雙修，也許我們就會發現其中的歷程。

臨濟法要

《臨濟錄》中說：

佛者，心清淨是；

法者，心光明是；

道者，處處無礙淨光是。

一個悟道的人，他的心是清淨的，是光明無礙的，要想做到這一點，他提出了接引學生和訓練學生的四料簡，茲加以解釋如次：

1.奪人不奪境：即放下我見，萬法之外不認自心。

2.奪境不奪人：即不受境牽，開始自我醒覺。

3.人境俱奪：即是忘我忘境的無念與無為，以發現真我。

4.人境俱不奪：即充分醒覺後的無礙淨光，獲自在、實現與解脫。

從第一層次到第四層次，雖然都是接引不同根性的方法，但很明顯地，這四個方法正好構成了禪悟的完整歷程。為進一步了解這四料簡的意義，再引臨濟答涿州紙衣和尚所問如次：

紙衣問：

「如何是奪人不奪境？」

臨濟說：

「春煦發生鋪地錦，嬰兒垂髮白如絲。」

紙衣問：

「如何是奪境不奪人？」

臨濟說：

「王令已行天下遍，將軍塞外絕煙塵。」

紙衣問：

「如何是人境俱奪？」

臨濟說：

「并汾絕信，獨處一方。」

紙衣問：

「如何是人境俱不奪？」

臨濟說：

「王登寶殿，野老謳歌。」

臨濟禪師接引人時除了依四料簡之外，更重視啟發的內容，它包含「三玄」及「三句」。所謂三玄是指體中玄（理體）、句中玄（對答時的權宜與隨機應化）和玄中玄（真正接引出學生的真我），所謂三句是指三個步驟：

第一句：三要印開朱點窄，未容擬議主賓分。（破除分別）

第二句：妙解豈容無著問，漚和爭負截流機。（切中禪機）

第三句：看取棚頭弄傀儡，抽牽都來裡有人。（看取純心）

臨濟又提出主客關係的四個步驟即：客看主、主看客、主看主、客看客。經過主客超越的歷程，而達到光淨無礙。臨濟的啟發方法與過程可分為：放下我執、不受境牽、進入清淨，體悟真我。

洞山的五位君臣頌

洞山良价啟發學生的方法仍然不離主客的超越，他把真我比喻作君，把生活上的種種色相和事事物物比喻作臣，歷經五個階段、五種關係，而使君臣主客相融無礙。第一階段是「正中偏」，代表有了發心，有了懺悔，但心裡頭有如萬馬奔騰，無從駕御之感。第二階段是「偏中正」，開始修行，在努力修持下，勉強自我控制，避免脫離戒律與正行。第三階段是「正中來」，這時主客的關係漸漸調和，不再處於對立狀態，開始生活在穩健與喜悅裡頭。第四階段是「偏中至」，這時已經超越於主客之上，開始品觸到悟的滋味，雖然未能事事無礙，但已達到理事無礙了。第五階段是「兼中到」，這已經達到徹悟，真正的自由，無入而不自得，那是事事無礙的大自在。洞山的五位君臣頌是這樣的：

1. 正中偏，三更初夜月明前，莫怪相逢不相識，隱隱猶懷舊日嫌。
2. 偏中正，失曉老婆逢古鏡，分明覿面別無真，休更迷頭更認影。
3. 正中來，無中有路隔塵埃，但能不觸當今諱，也勝前朝斷舌才。

4. 偏中至，兩刃交鋒不需避，好手猶如火裡蓮，宛然自有冲天志。

5. 兼中到，不落有無誰敢和，人人盡欲出常流，折合懷歸炭裡坐。

另外洞山認為末法時代的人多乾慧（知見而不能行），具有三種滲漏，必須避免這三種知性的疏離，才有正慧可言，這三滲漏為：

1. 見滲漏：謂機不離位，墮在毒海。（執著於六塵，發為貪瞋癡三毒）
2. 情滲漏：謂滯在向背，見處偏枯。（沉滯於分辨，障礙智慧之成長）
3. 語滲漏：謂究妙失宗，機昧終始。（智辨而不行，終究愚昧無得）

此外洞山又教人五種修持方法，這五種方法是前後連貫、相互銜接的，那就是向、奉、功、共功、功功五種。

什麼叫向呢？他說：

「吃飯時作麼生。」

什麼是奉呢？他說：

「背時作麼生。」

什麼是功呢？他說：

「放下钁頭時作麼生。」

什麼是共功呢？他說：

「不得色。」

什麼是功功呢？他說：

「不共。」

洞山對於這五個修行法門，都以比喻或象徵式語言表達：用吃飯那種態度來說明「向」的必要性和平常性，用「背時」那種超越知性的態度來說明「奉」的心志，用放下钁頭的喜悅和輕安說明「功」的本質，用不得色那種獨立自主性來說明「共功」的要義，用不共的真自由來說明「功功」的自在解脫。洞山的禪悟之道非常重視自我警策，他的自誡頌是：

> 不求名利不求榮，
> 只麼隨緣度此生，

一個幻軀能幾日，
為他閒事長無明。

人只有放下一切執著才得顯現出大自在的活潑真性，那時就不再「認奴作郎」了。

天台德韶四料簡

天台德韶向以「對法」的方式引發學生悟道。一個人若想識心達本，不但要「明得寂靜法，不寂靜法也收盡；明得遠離法，不遠離法亦收盡；未來現在，亦無遺餘。」他說：明明東去亦是上座，西去亦是上座，南去亦是上座，北去亦是上座，為什麼會成為東西南北的分辨呢？若能會得個中意，見聞覺知就能一時放下，一時心開，豁然醒悟。他接引學生分為四個歷程，即聞聞、聞不聞、不聞聞、不聞不聞。

1. 聞聞：是指以平常心去生活，放下攀援。頌曰：

「密室開金鎖，閒步下松門，慢將無孔笛，吹出鳳遊雲。」

2.聞不聞：是以清淨心去息心淨慮，不被境界所牽。頌曰：

「古松談般若，幽鳥弄真如，況有歸真處，長安豈久居？」

3.不聞聞：是了了分明能接觸到事物的真理。頌曰：

「陽馬啼聲喧，桃花笑臉開，芒鞋青竹杖，終日自徘徊。」

4.不聞不聞：這是如如不動的境界。頌曰：

「夜月輝肝膽，松風貫髑髏，脫然聲色外，切忌犯當頭。」（頌係白丈瑞所作）

天台德韶的禪法顯得非常活潑，他最強調徹悟時的活用，學佛法必須疑中求解，才能還得活潑自由的智慧，否則就會變成「生死根源陰界裡活計」，「見聞不脫如水裡月」。他有一首偈子說：

通玄峰頂，
不是人間，
心外無法，
滿目青山。

可見天台德韶的胸襟是多麼的清淨開闊，而把心靈與宇宙融合在一起，難怪他會說「一毛吞海，海性無虧」。修行到了這地步，真可謂「縱橫不是塵」了。他有一首偈子說：

暫下高峰已顯揚，
般若圓通遍十方，
人天浩浩無差別，
法界縱橫處處彰。

要想做到法界縱橫處處彰，就必須放下差別。這樣才能真正通達。若能事理皆通，事事無礙，那麼「一切言語，一切三昧，橫豎深淺，隱顯去來，是諸佛實相門。」

永明延壽的禪淨雙修

永明延壽是天台德韶的學生，是法眼宗的第三代傳人。他的禪法頗受唯識的影響。

在他的《宗境錄》中曾說：「真唯識性，理無偏圓。」所有佛法所傳，只有一個「真心」。此一心法就是心中的淨土，「此一心法就是理事圓備，是大慈父，般若母，法寶藏，萬行源，是以若了自心，頓成佛慧。」由於他的提倡禪教融合，禪淨雙修，而使得自力成就正等正覺的禪，與他力加持的淨土教真正結合。使禪法再度回歸到《華嚴經》所揭示的信、解、行、證的修行歷程上。

永明延壽提出禪淨雙修，以禪為光明之慧，以淨為安養之宗歸。他在五十八歲時移住杭州慧日永明院，門下二千人，其時有一偈頌，頗能說明他的禪法重在定慧一體，偈曰：

欲識永明旨，
門前一湖水，
日照光明生，
風來波浪起。

由於當時禪宗已產生口頭禪的流弊，因此他強調期悟反迷，千經萬論，總歸一心。

但另一方面，他又提倡淨土教行，使學佛的人有所依恃，他說：

唯心淨土，
心外無法，
質托蓮台，
形寄安養。

他把禪宗的自力解脫與淨土宗的他力解脫同時圓融，叫禪淨雙修。關於永明禪師把禪淨結合，在佛學上發生了許多爭論，有人認為禪的精神到了永明禪師漸漸消失，有人說禪淨結合是一種矛盾。我認為禪淨結合是一種超越，它仍然還是禪，而且是一種新的發展，它在修行與精神生活上，具有很大的助益。因為他力與自力只不過是分辨的知見，在真正修行上，非自力，非他力，而是兩者都是，他力與自力不是並存在我心中，而是提升真我的兩個巨輪，它是一體之兩面。現在我們來看看他的四料簡，也就更加清楚了：

1. 有禪無淨土，十人九蹉跎，陰境若現前，瞥爾隨他去。
2. 無禪有淨土，萬修萬人去，但得見彌陀，何愁不開悟。
3. 有禪有淨土，猶如帶角虎，現世為人師，來生作佛祖。
4. 無禪無淨土，鐵床並銅柱，萬劫與千生，沒個人依怙。

由於永明延壽的提倡禪淨雙修，此一新的修行法門成為普攝三根的圓教了。當然這也可以看得出他的師承因緣，其祖師法眼文益講《華嚴經》，師父天台德韶復興天台宗，而他把禪淨融合，極則於華嚴，真是其來有自了。

綜合以上四位大師的禪法，我們可以了解禪是漸修漸悟，而最後由頓悟而徹悟。禪悟並沒有一定的歷程，不過禪悟必須透過好的信仰來開始，真心地學習，放下種種我執，用平常心去生活，能放下萬緣，就能體悟真常。禪是實踐性的智慧，不是用來思考、理解和系統化的知見，如果想把握禪是什麼，禪就失去了它的本質。禪是引發一個人心靈自由、不受物慾奴隸的歷程。當我們重獲自由時，我們就會有一番新生和無盡的喜悅。

禪悟的歷程各家說法不一，那是因為每一位大師的主觀參證因緣不同。禪所指引我們的是內在主觀的省悟，而不是客觀事實的分析與接納，透過省悟而發現真我，解脫虛幻，提升自己到真的心靈世界。由於每一個人的因緣各不相同，每個人各有自己的過去經驗、業力、興趣、脾性、人格特質等屬性，所以彼此在禪悟的歷程、悟入的時機也各有異。因此禪師在教導學生時，總是徹底採用個別化教學。以上所舉幾位禪宗大師的禪悟歷程，只具有參照的價值，讓你知道禪悟的歷程是什麼，自行努力以求禪悟，切忌拘泥不變，囫圇吞棗。能如此，則「應無所住而生其心」的禪宗家法，不也就昭昭於前了嗎？

拾壹

無住的生活藝術

無住就是不拘泥，不抱持成見，放下好善惡惡，放下自我中心，放下凡聖的差別，它與淨是相通的。但是無住比淨更徹底，是連淨都不要，連成佛成聖、建功立業、求福求慧的觀念都必須放下。那時，自己真正自由了。這裡所說的自由，不是為所欲為的縱慾，也不是小乘佛法的寂滅，而是大乘法器的實現。這時，內心裡展開著「仁」與「能」的光明面，發而為濟世度人的慈悲。這是無心的慈悲，是無條件的奉獻與實現。這時無須刻意去講求，很自然地能夠行於布施（服務社會）、忍辱（包容與親切）、精進（光明、公正與積極）。《金剛經》上說：

無所住而生其心。

……

無所住而行於布施。

……

應生無所住心，

若心有住，

則為非住。

無住表示著真正的剛強，它意味著沒有為我的動機，也沒有為人的動機，而是超越於人我的實現。所以才能真正秉持著理體去做事，做正確的判斷，那就是最珍貴的生活態度，是出世的入世觀。

無住與自主

對於一個無住的禪者而言，他的內心是虛空的，是沒有偏袒的，是無所執求的。所以他所做的都是真誠的、一致的、自主的。以禪者的話來說，那是不受遷流的。有一位學生問白水禪師說：

「什麼是不遷義？」

白水說：

「落花隨流水，明月上孤岑。」

不遷的本義就是「來去自由，心體無滯」，這樣才產生智慧，才能夠「心量廣大，遍周法界，用即了了分明，應用便知一切。」當一個人見異思遷時，很容易失去正確的判斷。當一個人別有居心時，也必然不能正確處斷事情。白水禪師所謂的落花流水是指如水常流通，沒有壅塞。明月孤峯表示明照與孤高。

無住的另一個意思就是以「是」的價值來代替「有」的價值。一個人能以「是」來裁度事理：才能趨近真理，符合真知，活在真如法界。反之，以有來審察事理，必然是非不明，造成紊亂。有一位和尚問普山禪師說：

「地、水、風、火四種要素是怎麼變成『執有』之價值的？」

普山說：

「湛水無波，漚因風起。」

又問：

「漚滅歸水時如何？」

普山說：

「不渾不濁，魚龍任躍。」

這也就是說，所有現象界的萬物，有情無情，都是由業力的驅使，才建構出來的。業力就是一種驅力，是一種動能，它合和了許多因子，形成了萬象。我們的心就是驅力與動能的來源，如果心起驅動力，就會形成種種行為和種種造作。所以，當我們能無住於有而優遊於空的時候，才能把握真實。成見因「有」而起，它障礙正確的思考和判斷；各種執著也是因「有」而發，它使我們失去性靈的自由和直觀的喜悅。

有與空兩個生活態度只是一線之隔。自然的「有」表現如實的「空」意，有心的追求「空」，卻又把空當有來愚弄自己。有與空之間，存在著一個微妙的關係，那就是自然，就是不執著。有一位學生問慧忠國師說：

「禪師見十方虛空是法身否？」

慧忠說：

「以想心取之，是顛倒見。」

無論什麼事，只要一墮入用心機去執取，就有了驅動的能，而發生造作，都會造成愚昧。然而，唯一不墮於愚昧的最好方法就是自然和性靈的自由。換句話說，人類唯有獲得心靈的自由，才有真正的智慧，使自己生活得更充實、更美滿、更愜意。

當一個人能夠把影響正確判斷和性靈自由的幻想，和對現象界的執迷同時放下時，便能看到生活的真實面，那就是人生的終究醒覺。《楞伽經》上說：

彼於一切眾生界，
悉皆如幻，

不勤因緣，
違離內外境界，
心外無所見，
次第隨入無相處，
次第隨入從地至地三昧境界。

一切眾生界即一切分別識所產生的不安和透過心理防衛機制所發生的種種念頭和判斷。這種判斷是不正確的，是有缺陷的，有偏見的，都是非真實的，因為它是在不安與防衛機制下所產生的虛妄。如果一個人能遠離這種虛妄，才是真正的無住，也是空的本義。一但能「空去」這些虛妄，空掉這些心中的眾生，那就能以真心去看、去聽、去聞、去品觸，所以稱為「心外無所見」，而能入於「無相」，悟入真實性，而發揮真正的創造性和自由，體入無相三昧的寧謐與喜悅。

無住表示能依據事物的本質與因緣作如實的把握與回應，從而獲得大用。因為我們沒有曲解，不旁生枝節，沒有自私的囤積和佔有，所以我們能用腦而不煩惱。人如果能用腦而不煩惱，才真正體會到「無所住而生其心」的奧妙。真正做到正德、利用、厚生的理想，那就是圓成實性。人的心識和觀念一旦走向有所住，就開始有了障礙，有了煩惱，有了災難。普山禪師說：

存機猶滯跡，
去机卻通途。

人總是在有心機時，才有遲滯，才失去偉大的包容性，失去最珍貴的真知灼見。當然如果把這種執著與膚淺放下，就能清楚地思考，凡事迎刃而解。

無住與單純

無住表示能以單純的觀念去待人處世。單純是一個人能力所以發揮的基本因素。單純表示誠心和專一，表示能心無旁騖。單純也表示自己沒有什麼負擔，對生活能勝任愉快，所以剛健無比。這就好像你去登山旅行一樣，行李一定要簡單，只要能維持基本的需要就好，這樣才能愉快的走完遙遠的全程。反之，如果你把日常生活的各種器具衣物都放入行囊，各種喜愛的珍寶和食物都帶著走，登山旅行才開始，已經把你累倒了。

佛光山慧深法師的佛學講座是很生動精采的。有一次我在佛光山見到這位大慈大悲的法師，他告訴我說：

「生活的真理就是單純，如果心地複雜，慾望增多，起心動念，都會徒增累繫。懂得單純的信念，則無堅不攻，懂得簡樸的生活，則日用富裕。」

他又告訴我說，現代人雖然富有，但是滿櫃子衣服，總是缺一件。滿桌佳餚，總是不合胃口。到頭來還是貧窮呀！反之，一個單純質樸的人，雖然只有少許衣服，卻從不缺乏，雖然簡單的衣食，卻能歡喜溫飽。

單純使一個人充滿活力，我們總以為成功的人具有超然的毅力、天賦的聰明才智，但事實上，他們的毅力和智慧卻來自單純的理念。一九八六年諾貝爾化學獎得主李遠哲博士在接受電視記者訪問時說：對科學的研究是基於求知的熱忱和單純的信念，才有毅力去克服萬難，鍥而不捨，獲得成功，如果是為了領獎而從事研究，不可能承受那種長期煎熬的挑戰。

單純的信念，使一個人真正有所成就，過實現的人生。單純的信念，也使一個人在性靈上得到滋潤，使自己堅強光明。

單純表示沒有成見或偏見，所以能有所醒覺，有所承擔。一個無所求的人才能有所作為，一個沒有成見的人才會看到真相，一個沒有偏見的人才可能趨近真理。唐朝時候，招提慧朗（738-824）禪師去參訪大寂禪師（乃馬祖道一諡號）。大寂問：

「你來何求？」

招提答道：

「求佛知見。」

大寂說：

「佛無知見，知見乃魔界，你從南嶽來，似未見石頭曹谿心要，你應再回去。」於是招提便回去他的老師石頭希遷那裡。他問石頭說：

「如何是佛？」

石頭說：

「你沒有佛性。」

招提問：

「蠢動含靈又怎麼說呢？」

石頭說：

「蠢動含靈卻有佛性。」

招提又問：

「那我為什麼沒有佛性？」

石頭說：

「因為你不肯承擔。」

就因為這段對話使招提大徹大悟。他徹悟的是什麼呢？我想就是最後的一句話——要能承擔。人要想有能力去承擔，不被擔子壓得透不過氣來，不會被種種色相牽著鼻子走，就必須體悟「無住」的真理。

無住的藝術

每個人都有一種與生俱有的不安全感，那是成長過程很自然的反應。人在發現自己與別人存在著競爭性，以及面臨生活缺乏保障時，開始了種種顧慮和不安。這個原始的不安，演變成兩個截然不同的態度。第一種態度是汲汲於鑽營、囤積、逃避、尋求保護。另一種態度是從不安全感中醒覺過來，面對事實，落落實實的生活。前者生活在虛幻裡頭，心態上永遠需要個護身的憑藉。後者是如實的去實現生活，所以能真正的實現，生活得有創意、有安全感。第一種人在精神生活上一直在尋求某些保護，把自己投入經由合理化後的理念或千方百計覓來的權勢與名利之中，求得一些安全感。但是很不幸的，鑽營與追求的人一直都不能填滿心中的貪婪，在精神生活上時時表現出不安。因為他一直在追求一個護身符。耽源禪師有一次問他的老師慧忠國師說：「有沒有個最重要的法則可遵守（以免失去憑據）？」

慧忠說：

「真是可憐呀！需要個護身符做什麼呢？」

生活的本質就是去生活，去實現生活，不必在生活之外，覓個虛幻的護身符，不需追求名利而物化自己，喪失了般若自性。大珠慧海曾說：

心逐物為邪，
物從心為正。

當我們向外尋求而生活於虛妄的情境時，我們的生活漸漸被物化了。這時自己以為如如實實地掌有權柄，獲得利益，享受聲色。但事實上，那些追求也只不過是為了填補那虛幻的念頭，所以那些追尋也是空虛的，都是不實在的。所以「心逐物」就是「住」，就是「住香、味、觸、法生心」，那會使自己越來越瘋狂，越不心安，越不自在。反之，能生活在「物從心」，就是不被物所迷惑，就是無住，以物從心就是「無所住而生其心」的真正意義。

無住的生活態度就是解脫，它能解脫干擾，解脫物慾，解脫煩惱，解脫一切業障與習性，從而真正的見性，真正的自由自在。因此，它是生活的最高藝術。有位學生問大珠慧海說：

「云何即得解脫？」

大珠說：

「本自無縛，不用求解，直用直行，是無等等。」

這裡所謂的「無縛」就是無住，就是泰然自在，心安理得。也許無住這個觀念，會令你懷疑是否會導致消極的人生態度。事實正好相反，一個無所求的人，才有足夠的智慧去為眾人服務；無所偏袒和執著的人，才能大公無私；無須文飾和需索的人，才有真心奉獻的實踐與力行。

懂得「無住」才能真正懂得大乘經典的究竟意義，從而悟入覺性（佛性），得大自在。一個「無住」的人不會只停留在別人為自己解釋的知見上，因為知見也是一種束縛和障礙。人必須能在生活中去體會，從內心裡真正地醒悟過來，那才真實。這種不令自己停留在別人解說的文字知見就是無住。換句話說，如果學佛只停留在讀經誦懺裡，就無從見性。百丈懷海（749-814）禪師說：

不被一切善惡、垢淨、有為、世間福智拘繫，即名為佛慧。是非好醜，是理非理，諸知見總盡，不被繫縛，處心自在，名初發心菩薩，便登佛地。

又云：

若垢淨心淨，不住繫縛，不住解脫，無一切有為無為解，平等心量處於生死，其心自在。

又說：

去住自由，不為一切有為因果所縛。

又云：

讀經看教，語言皆須宛轉歸就自己。但是一切言教，只明如今覺性自己。但不被一切有無諸法境轉，是導師；能照破一切有無境法，是金剛，即有自由獨立分。

無住就是心靈的自由，是大自在的藝術，是智慧覺性的根源。人能無住於境，就能解脫貪、瞋、癡及種種煩惱，從而過實現的人生，進而優游自在，接觸到法體（精神生活的範疇），證入永恆的一真法界。

正向的生活智慧

融合心理學、教育學與禪學於日常生活應用的倡言人鄭石岩，把佛學中《唯識論》的精神與西方的心理學結合，發展成一門心性修養和提升生活效能的學問；更進一步用在教育和輔導工作上，成為新的諮商輔導技巧。這樣的東方與西方融合，傳統與現代的聯璧，構成唯識派心理學，可說是一種創造或心理學發展的新猷。

這六本著作所涉及的範圍，包含了子女教育、青少年的輔導、生活及工作、婚姻，人際關係、心理健康和生命的意義。每一本書都有豐富生動的故事，能帶引讀者，親嚐生活與工作中的智慧清泉。

A3A41《換個想法更好》
——把握變動調適，開拓成功人生

A3A42《尋找著力點》
——生活之妙，功在奏效

A3A43《勝任自己》
——培養心力，沃壯人生

A3A44《精神體操》
——走出困境，迎向希望

A3A45《過好每一天》
——拒絕煩惱，擁抱生活

A3A46《生命轉彎處》
——轉逆成順，化苦為樂